Langenscheidt
Praxiswörterbücher

# Langenscheidt

# Praxiswörterbuch
# **Internationale Küche**

Deutsch · Englisch · Französisch
Italienisch · Spanisch

von
Dr. Fritz Kerndter

Langenscheidt

Berlin · München · Wien · Zürich · New York

Das vorliegende Werk basiert auf der ersten Auflage der Langenscheidt Praxiswörterbücher *Gastronomie Französisch*, *Gastronomie Italienisch*, *Gastronomie Spanisch* und der zweiten Auflage des Langenscheidt Praxiswörterbuches *Gastronomie Englisch*.

Autoren der o.g. Werke:

Dr. *Mike Hadoke*, Dr. *Fritz Kerndter (Gastronomie Englisch)*
Dr. *Fritz Kerndter (Gastronomie Französisch)*
Dott.ssa *Daniela Malagodi Ingala*, Dr. *Fritz Kerndter (Gastronomie Italienisch)*
Prof. Dr. *Alberto Barrera y Vidal*, Dr. *Anita Schoonheere*, Dr. *Fritz Kerndter (Gastronomie Spanisch)*

**Bibliografische Information Der Deutschen Nationalbibliothek**
Die Deutsche Nationalbibliothek verzeichnet diese Publikation in der Deutschen Nationalbibliografie; detaillierte bibliografische Daten sind im Internet über http://www.ddb.de abrufbar.


Satz: Hagedorn Medien[design]
Druck: Druckhaus „Thomas Müntzer“ GmbH, Bad Langensalza
Printed in Germany
ISBN 978-3-86117-271-0

2. 3. 4. 5. 11 10 09 08

# Vorwort

Mit Deutsch als Leitsprache soll das vorliegende fünfsprachige Wörterbuch „Internationale Küche“ dem deutschsprachigen Reisenden einen ersten Zugang zu dem großen Bereich des Essens in einigen europäischen Ländern ermöglichen – so, wie der Tourist auf den Speisekarten der Restaurants, den ‚Familienpensionen mit Abendessen‘, oder vor den Regalen der Lebensmittelabteilungen im Supermarkt der Gastronomie des Gastlandes begegnet.
Mittlerweile haben die unzähligen jährlich neuen Kochbücher, viele Fernsehsendungen, die Restaurants mit südländischer und oft sogar exotischer Küche, die Entwicklung des Tourismus und die unglaubliche Ausweitung des Warenangebots aus allen Ländern schon wesentlich dazu beigetragen, dass der deutschsprachige Ferienreisende für die Vielfalt und Besonderheiten der ausländischen Speisen und Zutaten aufgeschlossen ist.

Bei der Auswahl der ca. 1300 deutschen Ausgangsbegriffe galt als Grundsatz, dass aus jeder Nahrungsmittel- oder Speisenkategorie nur ein paar wenige Bezeichnungen ausgewählt wurden. Einige in Deutschland beliebte Gerichte finden sich trotz aller Unterschiede – oft anders zubereitet und mit anderen Beilagen – auch in den anderen Ländern wieder; ihre Benennungen waren also auch in den anderen Sprachen möglich. Gemüse- und Obstsorten werden meist in ihrer Grundform aufgeführt, nicht in allen unzähligen Darbietungsformen und Varianten. Die Namen von Fischen und anderen Meerestieren werden in den anderen Sprachen meist durch die ‚offiziellen‘ Bezeichnungen wiedergegeben: gerade hier wird der Reisende jedoch vielfach am Ferienort auf ganz andere, regional oder gar nur lokal übliche Namen stoßen, die er sich einprägen oder notieren sollte, auch wenn er bei einer Rundreise schon hundert Kilometer weiter auf ganz andere Benennungen stößt.

In diesem Sinne soll das Büchlein auch für den in einer Fremdsprache noch nicht sehr geübten Nutzer ein paar Anreize bieten, weiter in die Sprache und damit in die von der Sprache erfasste Alltagsrealität einzudringen – und sei es nur eben, um sich bei einem längeren Aufenthalt umso freudiger und erlebnisreicher den Tafelfreuden des Gastlandes hingeben zu können.

Dem Vokabular wurde daher im Anhang eine exemplarische Auswahl von typischen Gerichten und Beilagen aus den einzelnen Ländern hinzugefügt. Es handelt sich dabei keineswegs um eine vollständige Zusammenstellung *aller* wirklich für ein Land repräsentativen Zubereitungen. Vielmehr soll in der Zusammenstellung aufgezeigt werden, was aus Nützlichkeitsempfinden, Sparsamkeit, aber auch Genialität von Hausfrauen und professionellen Köchen, oder einfach aus der bescheidenen Lust an besonderem Geschmack aus letztlich einfachen Zutaten – von Brotkrumen bis zu einem schönen Hummer... – in einer aufmerksamen Küche gemacht werden kann. Den deutschsprachigen Nutzer wird es vielleicht erstaunen, mit welcher Konsequenz z.B. Knoblauch, Olivenöl oder Tomaten in manchen Ländern fast in allen Speisen verwendet werden, oder in welcher Weise da und dort manche Zutaten miteinander vermengt werden: sei es in einer Pfefferminzsoße zu Fleisch in England, oder die Zugabe von Schokolade zu manchen gesalzenen Soßen in Spanien... Wenn manche der aufgeführten Gerichte vermeintlich eine nur beschränkt verbreitete, sehr regional geprägte Nahrung beschreiben, so nicht zuletzt deswegen, weil eine ganze Generation junger Köche in allen Ländern – im Übrigen auch in Deutschland – seit einigen Jahren bestrebt ist, alte kulinarische Traditionen angesichts von *fast food* und der Fülle tiefgekühlter Standardgerichte nicht in Vergessenheit geraten zu lassen.

Autoren und Verlag sind allen Benutzern für Vorschläge und Ergänzungen zur weiteren Verbesserung dieser Wortsammlung dankbar. Diese sind an den Langenscheidt Fachverlag GmbH, Postfach 40 11 20, D-80711 München, zu senden.

*Der Verlag*

# Benutzungshinweise

## 1. Beispiele für die alphabetische Ordnung

Huhn
Hühnerbrühe
Hühnerjunges, Hühnerklein
Hülsenfrüchte
Imbiss
Ingwer
Jahreszeit
Jahreszeit/von der ~ abhängig
Jahrgang
Jahrgangsangabe/mit
Jakobsmuschel
Johannisbeere/rote
Johannisbeere/schwarze
jung
Jungente
Kaffee
Kaffee/koffeinfreier
Kaffeekanne
Kaffeemaschine
Kakao
Kaki(frucht)
Kalb

## 2. Beispiele für die alphabetische Ordnung im Register

season 478
season *v* 1293
seasoning 373
seed 539
select *v* 51
selection 50
self service 1059
semolina 394
serve *v* 76, 1063
service 77
service charge 78
service included 79
service not included 80
serviette 1064

pollame *m* 344
pollastro *m* da ingrasso 836
pollo *m* 412, 468
pollo *m* arrosto 139
pollo *m* da ingrasso 700
polmone *m* 676
polpa *f* 322
polpetta *f* 559
polpetta *f* di carne 302, 311
polpettone *m* di carne 408
polpo *m* 599
poltrona *f* 1066
polvere *f* 848
pomodorino *m* ciliegia 175, 547
pomodoro *m* 788, 1173

## 3. Bedeutung der Zeichen

| | |
|---|---|
| / | bestellen/einen Tisch = einen Tisch bestellen |
| ( ) | Viktoria(see)barsch = Viktoriabarsch *oder* Viktoriaseebarsch |
| *( )* | kursive Klammern enthalten Erklärungen |

Mehrere Übersetzungen innerhalb einer Sprache werden durch Komma oder Semikolon getrennt und sind durch Einrückung von der nächstfolgenden Sprache abgehoben.

## 4. Abkürzungen

| | |
|---|---|
| *(AE)* | amerikanisches Englisch |
| *alg* | alguien / jemand |
| *allg.* | allgemein |
| *(Aut)* | Österreich |
| *(Bay)* | Bayern |
| *(BE)* | britisches Englisch |
| *bzw.* | beziehungsweise |
| *ca.* | circa, zirka |
| *(CH)* | Schweiz |
| *e.g.* | for instance |
| *etc.* | et cetera |
| *etw.* | etwas |
| *f* | Femininum |
| *jmdn* | jemanden |
| *m* | Maskulinum |
| *n* | Neutrum |
| *pl* | Plural |
| *pop* | populär |
| *qc* | qualcosa / etwas |
| *qn* | qualcuno / jemand |
| *qqch* | quelque chose / etwas |
| *qqn* | quelqu'un / jemand |
| *reg.* | regional |
| *s.* | siehe |
| *sthg* | something |
| *SüdD* | Süddeutschland |
| *u. a.* | und andere |
| *v* | Verb |
| *z. B.* | zum Beispiel |

Deutsch
Englisch
Französisch
Italienisch
Spanisch

# A

1. **Aal** *m*
eel
anguille *f*
anguilla *f*
anguila *f*

2. **Abendessen** *n*
dinner, supper
dîner *m*, souper *m*
cena *f*
cena *f*

3. **Abfall** *m*
rubbish, refuse, litter
déchets *mpl*
rifiuti *mpl*
desechos *mpl*, restos *mpl*

4. **Abfüllung** *f*
bottling
mise *f* en bouteille
imbottigliamento *m*
embotellado *m*

5. **Abgabe** *f*
duty, tax
taxe *f*
tassa *f*
tasa *f*

6. **abhängen** *v* **(lassen)**
(let) hang *(meat)*
(faire) rassir *(viande)*
(lasciar) frollare *(la carne)*
(dejar) madurar *(carne)*

7. **abkühlen** *v* **(lassen)**
(let) cool off, (let) cool down
(laisser) refroidir
(lasciar) raffreddare
(dejar) enfriar

8. **absagen** *v*
cancel
annuler
annullare, disdire
anular, declinar

9. **abwechslungsreich**
varied
diversifié, varié
molto vario, svariato
(muy) variado

10. **Achanti(nuss)** *f (Aut)*
peanut
arachide *f*, cacahouète *f*
arachide *f*, nocciolina *f* americana
cacahuete *m*

11. **Ackersalat** *m*
lamb's lettuce, field lettuce
doucette *f*, mâche *f*, salade *f* de blé
valerianella *f*, dolcetta *f*
milamores *f*, hierba *f* de los canónigos

12. **Alge** *f*
alga
algue *f*
alga *f*
alga *f*

13. **Alkohol** *m*
alcohol
alcool *m*
alcool *m*
alcohol *m*

14. **Alse** *f*
allis shad *(fish)*
alose *f (poisson)*
alosa *f (pesce)*
sábalo *m (pez)*

15. **alt**
old
vieux
vecchio
viejo

16. **Amarant** *m*
amaranth
amarante *f*
amaranto *m*
amaranto *m*

17. **Amchur** *n*
amchoor
poudre *f* de mangue
amchur *f (polvere di mango)*
amchur *m (polvo de mango verde)*

18. **Ananas** *f*
pineapple
ananas *m*
ananas *m*
piña *f*; ananá(s) *m*

19. **Anbau/aus biologischem**
organically-grown
.... issu de l'agriculture biologique

(proveniente) da colture biologiche
de cultivo biológico

**20. anbrennen** *v*
burn
brûler
attaccarsi *(bruciando)*
quemarse, pegarse

**21. Anchovis** *f*
anchovy
anchois *m*
acciuga *f*, alice *f*
anchoa *f*

**22. Anken** *m (CH)*
butter
beurre *m*
burro *m*
mantequilla *f*

**23. anmachen** *v*
dress, toss *(salad)*
assaisonner *(salade)*
condire
aderezar *(ensalada)*; condimentar, sazonar

**24. Anschnitt** *m*
first slice
entame *f*
primo pezzo *m*; prima fetta *f*
encetadura *f*, corte *m*

**25. Aperitif** *m*
aperitif
apéritif *m*
aperitivo *m*
aperitivo *m*

**26. Apfel** *m*
apple
pomme *f*
mela *f*
manzana *f*

**27. Apfelkoch** *m (Aut)*, **Apfelmus** *n*
apple puree, apple sauce
compote *f* de pommes
composta *f* di mele
compota *f* de manzana

**28. Apfelsine** *f*
orange
orange *f*
arancia *f*
naranja *f*

**29. Apfelwein** *m*
cider
cidre *m*
sidro *m*
sidra *f*

**30. Appetit** *m*
appetite
appétit *m*
appetito *m*
apetito *m*

**31. Appetithäppchen** *n*
appetizer
amuse-bouche *m*
bocconcino *m*, boccone *m* appetitoso
tapas *fpl*

**32. appetitlich**
appetizing
appétissant
appetitoso
apetitoso

**33. Aprikose** *f*
apricot
abricot *m*
albicocca *f*
albaricoque *m*

**34. Aranzini** *pl (Aut, CH)*
candied orange peel
orangeat *m*
scorza *f* d'arancia candita
cáscara *f* de naranja confitada

**35. Aroma** *n*
flavour
arôme *m*
aroma *m*
aroma *m*

**36. Artischocke** *f*
artichoke
artichaut *m*
carciofo *m*
alcachofa *f*

**37. Artischockenboden** *m*
artichoke base
fond *m* d'artichaut
fondo *m* di carciofo
cogollo *m* de alcachofa

**38. Aschanti(nuss)** *f (Aut)*
peanut
arachide *f*, cacahouète *f*

arachide *f*, nocciolina *f* americana
cacahuete *m*

**39. Aschenbecher** *m*
ashtray
cendrier *m*
portacenere *m*
cenicero *m*

**40. Aspik** *m*
aspic *(meat, fish)*
gelée *f (viande, poisson)*
gelatina *f*; aspic *m*
áspic *m*, fiambres *mpl* envueltos en gelatina *(carne, pescado)*

**41. Aubergine** *f*
aubergine, *(AE)* eggplant
aubergine *f*
melanzana *f*
berenjena *f*

**42. Auflauf** *m*
soufflé
soufflé *m*
sformato *m*; soufflé *m*
soufflé *m*, suflé *m*

**43. Aufpreis** *m*
additional charge
supplément *m*
sovrapprezzo *m*
suplemento *m* (de precio), sobreprecio *m*

**44. Aufschnitt** *m*
cold slices, assorted sliced meats
*charcuterie ou viandes froides en coupe*
affettati *mpl (salumi)*
fiambres *mpl* variados

**45. aufwärmen** *v*
heat up, warm up
réchauffer
scaldare; riscaldare
caldear, calentar

**46. ausgeglichen**
balanced, harmonious
équilibré
armonico, equilibrato
equilibrado

**47. ausgezeichnet**
excellent
excellent
eccellente
excelente

**48. Auster** *f*
oyster
huître *f*
ostrica *f*
ostra *f*

**49. Austernpilz** *m*
oyster, Chinese mushroom
pleurote *f*
orecchione *m*, gelone *m*
pleuroto *m*

**50. Auswahl** *f*
choice, selection
choix *m*, sélection *f*; assortiment *m*
scelta *f*, assortimento *m*
selección *f*, surtido *m*

**51. auswählen** *v*
choose, select
choisir, sélectionner
scegliere
elegir, escoger, seleccionar

**52. Avocado** *f*
avocado
avocat *m*
avocado *m*
aguacate *m*

# B

**53. backen** *v*
bake
cuire (au four)
1. cuocere al forno; 2. friggere
asar (en el horno)

**54. Backereien** *fpl (Aut)*
*(BE)* biscuits, *(AE)* cookies
pâtisserie *f*
pasticceria *f*
repostería *f*, pasteles *mpl*

**55. Backpflaume** *f*
prune
pruneau *m*
prugna *f* secca
ciruela *f* pasa

**56. Backschinken** *m*
baked ham
jambon *m* braisé

prosciutto *m* brasato
jamón *m* braseado

**57. Backwerk** *n*
*(BE)* biscuits, *(AE)* cookies
pâtisserie *f*
pasticceria *f*
repostería *f*, pasteles *mpl*

**58. Baiser** *n (Aut, reg. D)*
meringue
meringue *f*
meringa *f*
merengue *m*

**59. Bällchen** *n*
small ball
(petite) boulette *f*
pallina *f*, piccola palla *f*
albondiguilla *f*

**60. Bambus** *m*
bamboo
bambou *m*
bambù *m*
bambú *m*

**61. Banane** *f*
banana
banane *f*
banana *f*
plátano *m*

**62. Barbe** *f*
barbel *(fish)*
barbeau *m (poisson)*
barbo *m* comune, barbio *m (pesce)*
barbo *m (pez)*

**63. Bärenkrebs** *m*
slipper lobster
grande cigale *f*
magnosa *f*, cicala *f* di mare
santiaguiño *m (Galicia)*; santiaguín *m*

**64. Bargeld** *n*
cash
argent *m* comptant
contante *m*, denaro *m* contante
dinero *m* suelto, calderilla *f*

**65. Bärlauch** *m*
bear's garlic
ail *m* des ours
aglio *m* orsino
ajo *m* de oso

**66. Barriquewein** *m*
*wine matured in small casks*
*vin élevé en barrique*
*vino fermentato e/o invecchiato in una botte da 200 l circa*
*vino madurado en barrica*

**67. Barsch** *m*
1. perch *(fresh water)*; 2. sea bass *(salt water)*
1. perche *f (eau douce)*; 2. bar *m*, loup *m* de mer *(mer)*
1. pesce *m* persico *(acqua dolce)*; 2. spigola *f*, branzino *m (acqua salata)*
1. perca *f (agua dulce)*; 2. lubina *f*, róbalo *m (mar)*

**68. Basilikum** *n*
basil
basilic *m*
basilico *m*
albahaca *f*

**69. Bataviasalat** *m*
Batavia lettuce
laitue *f* batavia, batavia *f*
lattuga *f* batavia
lechuga *f* batavia

**70. Bauchspeck** *m*
streaky bacon
lard *m* de poitrine
pancetta *f* di maiale
panceta *f*, tocineta *f*; tocino *m* ventresco *(cerdo)*

**71. Bauernbrot** *n*
coarse (brown) bread
pain *m* de campagne
pane *m* casereccio
pan *m* de payés

**72. Baumnuss** *f (Aut, CH)*
walnut
noix *f*
noce *f*
nuez *f*

**73. beanstanden** *v*/**etw.**
complain about sthg
réclamer (qqch)
criticare; reclamare
reclamar, quejarse (de)

**74. Beanstandung** *f*
complaint
réclamation *f*
critica *f*; reclamo *m*
reclamación *f*, queja *f*

**75. Becher** *m*
mug
gobelet *m*
calice *m*; coppa *f*
vaso *m*

**76. bedienen** *v*
serve
servir
servire
servir, atender, cuidar

**77. Bedienung** *f*
service
service *m*
servizio *m*
servicio *m*

**78. Bedienungsgeld** *n*
service charge
service *m (pourcentage de la note du client)*
servizio *m*
servicio *m (porcentaje de la nota del cliente)*

**79. Bedienungsgeld** *n* **inbegriffen**
service included
service *m* compris
servizio *m* compreso
servicio *m* incluido

**80. Bedienungsgeld** *n* **nicht inbegriffen**
service not included
service *m* non compris
servizio *m* escluso
servicio *m* no incluido

**81. Beefsteak** *n*
steak
bifteck *m*
bistecca *f*
bistec *m*, bisté *m*

**82. Beere** *f*
berry
baie *f*
bacca *f*
baya *f*

**83. begleiten** *v*
accompany
accompagner
accompagnare
acompañar

**84. begrüßen** *v*
greet
saluer
salutare
saludar

**85. behalten** *v*
keep
garder
conservare
guardar, conservar

**86. Beilage** *f*
side dish
accompagnement *m*, garniture *f*
contorno *m*
guarnición *f*

**87. Beilage/mit**
with side dish
garni
con contorno
con guarnición

**88. Beinscheibe** *f*
*slice of the knuckle from beef, with a part of bone, for soups*
tranche *f* de jarret de bœuf *(avec os, pour pot-au-feu)*
fetta *f* spessa del garretto di manzo *(con osso, per brodo)*
loncha *f* de jarrete *(con hueso, para caldo)*

**89. Beiried** *n (Aut)*
roast beef
rosbif *m*
roast-beef *m*
rosbif *m*, solomillo *m* de vaca

**90. Beize** *f*
marinade *(game)*
marinade *f (gibier)*
marinata *f*
salsa *f* de adobo, escabeche *m*

**91. beizen** *v*
marinate
mariner
marinare
adobar

**92. bekömmlich**
easily digestible
*qui est sain et facile à digérer*
digeribile
digestible

**93. beliefern** *v*
supply, furnish
approvisionner, fournir

approvvigionare, fornire
abastecer, suministrar

**94. beraten** *v*/**(jmdn)**
advise (someone)
conseiller (qqn)
consigliare (qn)
aconsejar (a alg)

**95. Beschwerde** *f*
complaint
réclamation *f*
lamentela *f*, lagnanza *f*; reclamo *m*
reclamación *f*, queja *f*

**96. beschweren** *v*/**sich**
complain
se plaindre
lamentarsi, lagnarsi
quejarse

**97. Besteck** *n*
cutlery
couvert *m*
posate *fpl*
cubierto *m*

**98. bestellen** *v*
order, reserve, book
commander
ordinare
pedir

**99. bestellen** *v*/**einen Tisch**
reserve a table, book a table
retenir une table
riservare un tavolo
reservar una mesa

**100. Bestellung** *f*
order
commande *f*
ordinazione *f*
pedido *m*

**101. Bete** *f*/**Rote**
*(BE)* beetroot, *(AE)* (red) beet
betterave *f* rouge
barbabietola *f* rossa
remolacha *f*

**102. Bier** *n*
beer
bière *f*
birra *f*
cerveza *f*

**103. billig**
cheap
bon marché
a buon mercato, conveniente
barato, económico

**104. Binätsch** *m (CH)*
spinach
épinards *mpl*
spinaci *mpl*
espinacas *fpl*

**105. biologisch**
biological; organic
biologique
biologico
biológico

**106. Birne** *f*
pear *(fruit)*
poire *f (fruit)*
pera *f*
pera *f (fruta)*

**107. Birnengeist** *m*
pear brandy
eau-de-vie *f* de poire, poire *f*
acquavite *f* di pere
aguardiente *m* de pera

**108. Biskotte** *f (Aut)*
sponge finger
biscuit *m* (à la) cuiller
savoiardo *m*
bizcocho *m* de soletilla

**109. Bissen** *m*
mouthful
bouchée *f*
boccone *m*
bocado *m*

**110. bitte**
please *(question)*; you're welcome, not at all *(answer)*
s'il vous plaît *(question)*; de rien *(en réponse)*
per favore *(richiesta)*; prego *(in risposta)*
por favor *((para pedir algo)*; de nada *(para responder a una muestra de agradecimiento, como gracias, muchas gracias, etc.)*

**111. bitter**
bitter
amer
amaro
amargo

**112. blanchieren** *v*
blanch
blanchir, ébouillanter
sbollentare
blanquear

**113. Blase** *f*
bubble
bulle *f*
bolla *f*
burbuja *f*

**114. Blatt** *n*
1. leaf; 2. shoulder *(game)*
1. feuille *f*; 2. épaule *f (gibier)*
1. foglio *m*; 2. paletta *f (di selvaggina)*
1. hoja *f*; 2. brazuelo *m (caza)*

**115. Blätterteig** *m*
flaky, puff pastry
pâte *f* feuilletée
pasta *f* sfoglia
hojaldre *m*

**116. Blätterteiggebäck** *n*
Danish pastry
pâtisseries *fpl* feuilletées
pasticceria *f* di pasta sfoglia
pasteles *mpl* hojaldrados, pasteles *mpl* de hojaldre

**117. Blätterteigpastete** *f*
vol-au-vent
vol *m* au vent
vol-au-vent *m* di pasta sfoglia
volován *m*

**118. Blattspinat** *m*
(leaf) spinach
epinards *mpl* en branches
spinaci *mpl* in foglia
espinacas *fpl* de tallos

**119. blau**
blue
bleu
blu, azzurro
azul

**120. Blaubeere** *f*
bilberry, blueberry
myrtille *f*
mirtillo *m* nero
arándano *m*, mirtillo *m*

**121. Blaukraut** *n (Aut, SüdD)*
red cabbage
chou *m* rouge
cavolo *m* rosso
col *f* lombarda

**122. Blauleng** *m*
blue ling *(fish)*
lingue *f* (bleue) *(poisson)*
molva *f (pesce)*
maruca *f* azul *(pez)*

**123. Blume** *f (allg., und Wein)*
flower
1. fleur *f*; 2. bouquet *m (vin)*
1. fiore *m*; 2. bouquet *m (vino)*
1. flor *m*; 2. buqué *m*, bouquet *m (vino)*

**124. Blumenkohl** *m*
cauliflower
chou *m* fleur
cavolfiore *m*
coliflor *f*

**125. blutig** *(Fleisch)*
rare
saignant, bleu *(viande)*
al sangue
sangriento, vuelta y vuelta

**126. Blutwurst** *f*
black pudding
boudin *m* (noir)
sanguinaccio *m*
morcilla *f*

**127. Bohnen** *fpl*/**(grüne)**
(green) beans
haricots *mpl* (verts)
fagiolini *mpl*
alubias *fpl* (verdes), judías *fpl* (verdes), habichuelas *fpl* (verdes)

**128. Bohnen** *fpl*/**dicke**
broad beans
fèves *fpl*
fave *fpl*
habas *fpl*

**129. Bohnenkraut** *n*
savoury
sarriette *f*
santoreggia *f*
ajedrea *f*

**130. Bonbon** *m*
*(BE)* boiled sweet, *(AE)* hard candy
bonbon *m*
caramella *f*
caramelo *m*

**131. Bonito** *m (Thunfischart)*
bonito, skipjack tuna
bonite *m (variété de thon)*
bonito *m (varietà di tonno)*
bonito *m (variedad de atún)*

**132. Borretsch** *m*
borage
bourrache *f*
borrana *f*, borragine *f*
borraja *f*

**133. Bouillon** *f*
clear soup *(liquid)*
bouillon *m (liquide)*
brodo *m*
caldo *m*

**134. Brandteig** *m*
choux pastry
pâte *f* à chou
impasto *m* per bignè
pasta *f* lionesa, pasta *f* de petisú

**135. Brasse** *f*
bream *(fish)*
brème *f (poisson)*
abramide *m* comune *(pesce)*
brema *f (pez)*

**136. Bratapfel** *m*
baked apple
pomme *f* au four
mela *f* al forno
manzana *f* asada al horno

**137. braten** *v*
roast
rôtir
arrostire; friggere
asar

**138. Braten** *m*
roast; joint *(leg)*
rôti *m*, sauté *m*
arrosto *m*
asado *m*

**139. Brathähnchen** *n*
roast chicken
poulet *m* rôti
pollo *m* arrosto
pollo *m* asado

**140. Bratkartoffeln** *fpl*
fried potatoes
pommes *fpl* de terre sautées, pommes *fpl* de terre rissolées
patate *fpl* arrosto *(a fette)*
patatas *fpl* asadas, patatas *fpl* salteadas

**141. Bratling** *m*
veggie burger, vegetable patty
*galette rissolée de légumes*
hamburger *m* vegetariano
hamburguesa *f* vegetariana

**142. Bratwurst** *f*
fried sausage
saucisse *f* grillée
salsiccia *f* ai ferri
salchicha *f* asada

**143. brauchen** *v*/**(etw.)**
need, require (sthg)
avoir besoin de (qqch)
aver bisogno di (qc)
necesitar

**144. Brauerei** *f*
brewery
brasserie *f*
fabbrica *f* di birra
cervecería *f*, fábrica *f* de cerveza

**145. braun**
brown
brun, marron
bruno, marrone
marrón

**146. brechen** *v*
break
rompre
rompere, spezzare
romper, quebrar

**147. Brei** *m*
mash, paste, puree
bouillie *f*, purée *f*
pappa *f*; purea *f*, purè *m*
papilla *f*, puré *m*

**148. Brennnessel** *f*
(stinging) nettle
ortie *f*
ortica *f*
ortiga *f*

**149. Brezel** *f*, **Brezen** *f (Aut)*
pretzel
bretzel *f*
bretzel *m*
brezel *m*

**150. Bries** *n*
sweetbreads *(lamb, veal)*

ris *m (agneau, veau)*
animella *f (agnello, vitello)*
mollejas *fpl (cordero, ternera)*

**151. Brokkoli** *mpl*
broccoli
brocoli *m*
broccoli *mpl*
bróculi *m*, brécol *m*

**152. Brombeere** *f*
blackberry
mûre *f*
mora *f*
mora *f*

**153. Brot** *n*
bread
pain *m*
pane *m*
pan *m*

**154. Brötchen** *n*
bread roll
petit pain *m*
panino *m*
panecillo *m*

**155. Brotkorb** *m*
bread basket
corbeille *f* à pain, panier *m* à pain
cestino *m* del pane
panera *f*

**156. Brühe** *f*
stock, soup
bouillon *m*
brodo *m*
caldo *m*; salsa *f*

**157. Brunnenkresse** *f*
watercress
cresson *m* (de fontaine)
nasturzio *m*
berro *m* (de agua)

**158. Brust** *f*
breast
poitrine *f (en gén.)*
petto *m*
pecho *m (en gen.)*, pechuga *f (de ave)*

**159. Buchweizen** *m*
buckwheat
sarrasin *m*, blé *m* noir
grano *m* saraceno
trigo *m* sarraceno, alforfón *m*

**160. Bücking** *m*, **Bückling** *m*
smoked herring
hareng *m* saur
aringa *f* affumicata
arenque *m* ahumado

**161. Bukett** *n*
bouquet *(wine)*
bouquet *m (vin)*
bouquet *m (enologia)*
aroma *m*, boca *f (vino)*; buqué *m*

**162. Butter** *f*
butter
beurre *m*
burro *m*
mantequilla *f*

**163. Buttergebäck** *n*
Danish pastry
pâtisserie *f* pur beurre
biscotti *mpl* al burro
pastel *m* a base de mantequilla

**164. Butterkeks** *m*
butter biscuit
petit-beurre *m*
biscotto *m* al burro
galleta *f*

**165. Buttermakrele** *f*
escolar *(fish)*
escolier *m (poisson)*
ruvetto *m (pesce)*
pez *m* mantequilla

**166. Buttermilch** *f*
buttermilk
babeurre *m*
latticello *m*
leche *f* de manteca, suero *m* de mantequilla, suero *m* de manteca

**167. Buttersoße** *f*/**weiße**
white butter sauce
beurre *m* blanc *(sauce)*
salsa *f* bianca *(fatta col burro)*
mantequilla *f* blanca

# C

**168. Chabis** *m (CH)*
cabbage
chou *m*

cavolo *m*
col *f*

**169. Champignon** *m*
(white) mushroom
champignon *m* de Paris
champignon *m*, prataiolo *m*
champiñón *m*

**170. Chicorée** *m (Gemüse)*
chicory
endive *f*
cicoria *f* belga
endibia *f*

**171. Chinakohl** *m*
Chinese cabbage, Chinese leaves
chou *m* chinois
cavolo *m* cinese, cavolo *m* petsai
col *f* china, col *f* de China

**172. Chriesi** *f (CH)*
cherry
cerise *f*
ciliegia *f*
cereza *f*

**173. Chruut** *n (CH)*
cabbage
chou *m*
cavolo *m*
col *f*

**174. Chüngel** *n (CH)*
rabbit
lapin *m*
coniglio *m*
conejo *m*

**175. Cocktailtomate** *f*
cherry tomato
tomate *f* cerise
pomodorino *m* ciliegia
tomate *m* cereza

**176. Creme** *f*
cream
crème *f*
crema *f*
crema *f*

**177. Cremesuppe** *f*
cream soup
velouté *m (potage)*
crema *f*, passato *m*
crema *f (sopa espesa)*

**178. cremig**
creamy
crémeux
cremoso
cremoso

# D

**179. dämpfen** *v*
steam
étuver, cuire à l'étuvée
cuocere a vapore
estofar, guisar al estofado

**180. danke**
thank you, (many) thanks
merci
grazie
gracias

**181. Dattel** *f*
date
datte *f*
dattero *m*
dátil *m*

**182. dazugeben** *v*
add
ajouter
aggiungere
añadir

**183. Deka** *n (Aut)*
*ten grams*
*dix grammes*
decagrammo *m*
*diez gramos*

**184. dekantieren** *v*
decant *(wine)*
décanter *(vin)*
decantare
decantar

**185. Dessert** *n*
dessert
dessert *m*
dessert *m*, dolce *m*
postre *m*

**186. Diät** *f*
diet
régime *m*
dieta *f*, regime *m* alimentare
dieta *f*

**187. Dickmilch** *f*
sour milk
lait *m* battu, lait *m* ribot
latte *m* acido
leche *f* agria, cuajada *f*

**188. Dill** *m*
dill
aneth *m*
aneto *m*
eneldo *m*

**189. Dinkel(weizen)** *m*
spelt *(wheat)*
épeautre *m*
spelta *f*, farro *m*
espelta *f*, escanda *f*

**190. Dorade** *f*
sea bream, red porgy *(fish)*
dorade *f (poisson)*
orata *f (pesce)*
dorada *f (pez)*

**191. Dornhai** *m*
conger eel; dogfish
aiguillat *m*; élinette *f (poisson)*
spinarolo *m* imperiale *(pesce)*
mielga *f (pez)*

**192. Dörrfleisch** *n*
dried meat
viande *f* séchée
carne *f* secca
carne *f* seca

**193. Dörrobst** *n*
dried fruit
fruits *mpl* séchés
frutta *f* secca
frutas *fpl* secas, frutas *fpl* pasas

**194. Dörrpflaume** *f*
dried prune
pruneau *m*
prugna *f* secca
ciruela *f* pasa

**195. Dose** *f*
tin
boîte *f*
scatola *f*; lattina *f*
lata *f*

**196. Dosenöffner** *m*
tin opener
ouvre-boîtes *m*
apriscatole *m*
abrelatas *m*

**197. drehen** *v*
turn
tourner
girare; rivoltare
torcer, voltear

**198. Duft** *m*
smell, fragrance
parfum *m*
profumo *m*; fragranza *f*
aroma *m*, perfume *m*

**199. dunkel**
dark
sombre *(pièce, salle)*; foncé *(sauce, pâtisserie)*
scuro, cupo
oscuro; tostado

**200. dünn**
thin
mince, fin
sottile, fine
fino

**201. durchsichtig**
transparent
transparent
trasparente
transparente

**202. durchwachsen**
marbled *(meat)*; streaky *(bacon)*
marbré, persillé; entrelardé *(porc)*
misto *(con parti di grasso e magro)*
entreverado, mechado *(carne)*

**203. Durst** *m*
thirst
soif *f*
sete *f*
sed *f*

**204. Dutzend** *n*
dozen
douzaine *f*
dozzina *f*
docena *f*

# E

**205. Eglifisch** *m*
perch *(fresh water)*
perche *f (eau douce)*
pesce *m* persico *(acqua dolce)*
perca *f (pez de agua dulce)*

**206. Ei** *n*
egg
œuf *m*
uovo *m*
huevo *m*

**207. Ei** *n***/weiches**
soft boiled egg
œuf *m* à la coque
uovo *m* alla coque
huevo *m* pasado por agua

**208. Eidotter** *m*
egg yolk
jaune *m* d' œuf
tuorlo *m*, rosso *m* d'uovo
yema *f*

**209. Eierbecher** *m*
egg cup
coquetier *m*
portauovo *m*
huevera *f*, huevero *m*

**210. Eierspeis** *f (Aut)*
scrambled eggs
œufs *mpl* brouillés
uova *fpl* strapazzate
huevos *mpl* revueltos

**211. Eigelb** *n*
egg yolk
jaune *m* d' œuf
tuorlo *m*, rosso *m* d'uovo
yema *f*

**212. einfach**
simple
simple, facile
semplice, facile
sencillo, simple, fácil

**213. einfallsreich**
imaginative
inventif
pieno d'idee, ingegnoso
inventivo, creativo

**214. einfrieren** *v*
freeze
congeler
congelare
congelar

**215. eingießen** *v*
pour *(a liquid into a glass or a cup)*
verser *(une boisson dans un verre ou une tasse)*
versare
echar (de beber), verter

**216. einheimisch**
native, local
du pays, local
locale, nostrano, del paese
local, regional

**217. Einkauf** *m*
purchase
achat *m*
acquisto *m*, compera *f*
compra *f*

**218. einkaufen** *v*
purchase, buy
acheter
acquistare, comperare
comprar

**219. einschenken** *v*
pour *(a liquid into a glass or a cup)*
verser *(une boisson dans un verre ou une tasse)*
versare
echar (de beber), verter

**220. Eis** *n*
ice
glace *f*
gelato *m*; ghiaccio *m*
helado *m*; hielo *m*

**221. Eisbecher** *m*
ice cream bowl
coupe *f* de glace
coppa *f* di gelato
copa *f* de helado, helado *m*

**222. Eisbein** *n*
pickled knuckle of pork
jarret *m* de porc *(saumuré et cuit)*
stinco *m* di maiale *(in salamoia)*
jarrete *m* de cerdo *(en salmuera y luego cocido)*

**223. Eisbergsalat** *m*
iceberg lettuce
laitue *f* iceberg
lattuga *f* iceberg
lechuga *f* tipo Iceberg

**224. Eisenkrauttee** *m*
vervain tea, verbena tea
verveine *f*
tisana *f* di verbena
verbena *f*

**225. Eiskaffee** *m*
iced coffee
café *m* liégeois
affogato *m* al caffè
helado *m* "blanco y negro"

**226. Eiskübel** *m*
ice bucket
seau *m* à glace
secchiello *m* da ghiaccio
cubo *m* de hielo

**227. Eissalat** *m*
iceberg lettuce
batavia *f (salade)*
lattuga *f* batavia
lechuga *f* de hoja rizada

**228. Eiswürfel** *m*
ice cube
glaçon *m*
cubetto *m* di ghiaccio
cubito *m* (de hielo)

**229. Eiweiß** *n*
1. egg white; 2. protein
1. blanc *m* d' œuf; 2. protéine *f*
1. bianco *m* d'uovo, albume *m*; 2. proteina *f*
1. clara *f* (de huevo); 2. proteína *f*

**230. Empfang** *m*
reception
accueil *m*; réception *f*
accoglienza *f*; ricevimento *m*
acogida *f*; recepción *f*

**231. empfangen** *v*
receive, greet *(people)*
accueillir, recevoir
accogliere; ricevere
acoger, saludar

**232. empfehlen** *v*
recommend
recommander
consigliare
recomendar

**233. Empfehlung** *f*
recommendation
recommandation *f*
consiglio *m*
recomendación *f*

**234. Endivie** *f*, **Endiviensalat** *m*
endive
frisée *f (salade)*; scarole *f*
indivia *f*; scarola *f*
ensalada *f* de endivia, ensalada *f* de endibia

**235. Endstück** *n*
end piece, crust *(bread)*
talon *m (rôti, fromage)*
ultimo pezzo *m*
extremo *m (asado, queso)*

**236. Engelwurz** *f*
angelica
angélique *f*
angelica *f*
angélica *f*

**237. Ente** *f*
duck
canard *m*
anatra *f*
pato *m*

**238. Entenbrust** *f*
breast of duck
magret *m* (de canard)
petto *m* d'anatra, filetto *m* d'anatra
magret *m* de pato

**239. Entenleber** *f*
duck liver
foie *m* de canard
fegato *m* d'anatra
hígado *m* de pato

**240. entfernen** *v*
remove, take away
enlever, retirer
togliere, levare, rimuovere
quitar, sacar

**241. entkorken** *v*
uncork
déboucher
stappare, sturare
descorchar, destapar

**242. Erbsen** *fpl*
peas
petits pois *mpl*
piselli *mpl*
guisantes *mpl*

**243. Erdbeere** *f*
strawberry
fraise *f*
fragola *f*
fresa *f*

**244. Erdnuss** *f*
peanut
arachide *f*, cacahouète *f*
arachide *f*, nocciolina *f* americana
cacahuete *m*

**245. Erfrischung** *f*
refreshment
rafraîchissement *m*
1. refrigerio *m*; 2. bevanda *f* refrigerante; 3. spuntino *m*
refresco *m*

**246. Erfrischungstuch** *n*
refreshing towel
serviette *f* rafraîchissante
salvietta *f* rinfrescante
toallita *f* refrescante

**247. erhitzen** *v*
heat up, warm up
réchauffer
scaldare; riscaldare
calentar

**248. Ersatz** *m*
substitute
succédané *m*, ersatz *m*
surrogato *m*
sucedáneo *m*

**249. ersetzen** *v*
replace
remplacer
sostituire, rimpiazzare
sustituir, reemplazar

**250. Erzeugnis** *n*
product
produit *m*
prodotto *m*
producto *m*

**251. essen** *v*
eat
manger
mangiare
comer

**252. essen** *v*/**zu Abend**
dine, have dinner, have supper
dîner
cenare
cenar

**253. essen** *v*/**zu Mittag**
have lunch
déjeuner
pranzare
almorzar

**254. Essen** *n*
meal
repas *m*
pasto *m*
comida *f*

**255. Essig** *m*
vinegar
vinaigre *m*
aceto *m*
vinagre *m*

**256. Esskastanie** *f*
sweet chestnut
châtaigne *f*, marron *m*
castagna *f*; marrone *m (varietà pregiata)*
castaña *f*

**257. Estragon** *m*
tarragon
estragon *m*
dragoncello *m*
estragón *m*, dragoncillo *m*

**258. Extrakt** *m*
extract
extrait *m*
estratto *m*
extracto *m*

# F

**259. Fadennudeln** *fpl*
vermicelli
vermicelles *fpl*
vermicelli *mpl*, capelli *mpl* d'angelo
fideos *mpl*

**260. Farbe** *f*
colour

couleur *f*
colore *m*
color *m*

**261. Farbstoff** *m*
dye, colouring *(foods)*
colorant *m*
colorante *m*
colorante *m*

**262. Farce** *f*
filling; stuffing
farce *f (de viande)*
farcia *f*, ripieno *m*
relleno *m*

**263. farcieren** *v*
fill, stuff
farcir *(viande, tomates, etc.)*
riempire; mettere il ripieno, farcire
rellenar

**264. Fasan** *m*
pheasant
faisan *m*
fagiano *m*
faisán *m*

**265. faschieren** *v (Aut)*
mince
hacher menu
tritare
picar

**266. Faser** *f*
fibre
fibre *f*
fibra *f*
fibra *f*

**267. faserig**
fibrous
fibreux
fibroso
fibroso

**268. Fass** *n*
barrel
tonneau *m*
botte *f*
barril *m*, tonel *m*

**269. Feige** *f*
fig
figue *f*
fico *m*
higo *m*

**270. fein**
fino, thin
fin
fine
fino

**271. Feingebäck** *n*
cakes and pastries
pâtisseries *fpl* fines
pasticceria *f* fine, pasticcini *mpl*
pasteles *mpl* finos

**272. Feinkostsalat** *m*
delicatessen salad
salade *f* composée
insalata *f* da gourmet
ensaladilla *f* mixta

**273. Feinschmecker** *m*
gourmet
gourmet *m*
buongustaio *m*
gastrónomo *m*, gourmet *m*

**274. Felchen** *m*
*freshwater whitefish from Lake Constance*
*poisson de la famille des corégones, du Lac de Constance*
coregone *m*, lavarello *m (pesce d'acqua dolce, spec. del Lago di Costanza)*
corégono *m (variedad de pez muy fino, oriundo del lago de Constanza)*

**275. Feldhase** *m*
hare
lièvre *m*
lepre *f*
liebre *f*

**276. Feldsalat** *m*
lamb's lettuce, field lettuce
doucette *f*, mâche *f*, salade *f* de blé
valerianella *f*, dolcetta *f*
milamores *f*, hierba *f* de los canónigos

**277. Fenchel** *m*
fennel
fenouil *m*
finocchio *m*
hinojo *m*

**278. fertig**
ready
prêt
pronto
listo, preparado

**279. fest**
firm
ferme *(consistance)*
sodo, compatto
firme *(consistencia)*

**280. fett**
fat
gras
grasso
graso

**281. Fett** *n*
fat
gras *m*, graisse *f*, matière *f* grasse
grasso *m*
grasa *f*, graso *m*, cuerpo *m* graso

**282. fettarm**
low-fat
allégé *(produits laitiers)*; maigre *(viandes, charcuterie)*
povero di grassi
ligero, desengrasado

**283. Fettgehalt** *m*
fat content
teneur *f* en matière grasse
contenuto *m* di grassi
contenido *m* en grasa

**284. feucht**
damp
humide
umido
húmedo

**285. Feuchtigkeit** *f*
humidity
humidité *f*
umidità *f*
humedad *f*

**286. Filet** *n*
fillet
filet *m*
filetto *m*
filete *m*, solomillo *m*

**287. filetieren** *v*, **filieren** *v*
fillet
fileter
sfilettare
filetear

**288. Fingerschale** *f*
finger bowl
rince-doigts *m*
sciacquadita *m*, lavadita *m*
lavamanos *m*

**289. Fisch** *m*
fish
poisson *m*
pesce *m*
pez *m*, pescado *m*

**290. fischen** *v*
fish
pêcher
pescare
pescar

**291. Fischer** *m*
fisherman, angler
pêcheur *m*
pescatore *m*
pescador *m*

**292. Fischsud** *m*
fish stock
court-bouillon *m*
court-bouillon *m (per pesci)*
caldo *m* corto

**293. Fischsuppe** *f*
fish soup
soupe *f* de poissons
zuppa *f* di pesce
sopa *f* de pescado

**294. Fisole** *f (Aut)*
*young green bean pod*
*jeune haricot vert*
fagiolino *m*
*pequeñas judías verdes*

**295. flach**
flat
plat
piatto
plano

**296. Fladen** *m*
*round flat dough cake*
galette *f*
focaccia *f*, schiacciata *f*
torta *f*

**297. flambieren** *v*
flambé
flamber
flambare, fiammeggiare
flamear

**298. Flasche** *f*
bottle

bouteille *f*
bottiglia *f*
botella *f*

**299. Flaschenöffner** *m*
bottle opener
ouvre-bouteille *m*
apribottiglie *m*
abrebotellas *m*, abridor *m*

**300. Fleisch** *n*
meat
viande *f*
carne *f*
carne *f*

**301. Fleischbrühe** *f*
meat stock, consommé
bouillon *m* de viande; consommé *m*
brodo *m* di carne
caldo *m* de carne, consomé *m*

**302. Fleischheberl** *n (Aut)*, **Fleischklößchen** *n*
(small) meat ball
boulette *f* de viande
polpetta *f* di carne
albondiguilla *f* de carne

**303. Flocke** *f*
flake
flocon *m*
fiocco *m*
copo *m*

**304. Flügel** *m*
wing
aile *f*
ala *f*
ala *f*

**305. Flunder** *f*
flounder *(fish)*
flet *m (poisson)*
passera *f* di mare *(pesce)*
platija *f (pez)*

**306. flüssig**
liquid
liquide
liquido
fluido, líquido

**307. Fond** *m*
meat juice
fond *m (bouillon de fond pour sauces)*
sugo *m* della carne
fondo *m (caldo para las salsas)*

**308. Fondant** *m*, **Fondantmasse** *f*
fondant
fondant *m*
fondant *m*, fondente *m*
fondant *m*

**309. Forelle** *f*
trout
truite *f*
trota *f*
trucha *f*

**310. Form** *f*
form, mould
forme *f (en gén.)*; moule *m (p.ex. pour flan ou pâtisserie)*
forma *f*, stampo *m*
forma *f*, molde *m*

**311. Frikadelle** *f*
meat ball
boulette *f* de viande
polpetta *f* di carne
albóndiga *f* de carne

**312. Frikassee** *n*
fricassee
fricassé *m*
fricassea *f*
fricasé *m*

**313. frisch**
fresh, cool
frais
fresco
fresco

**314. Frischkäse** *m*
cream cheese
fromage *m* frais
formaggio *m* fresco
queso *m* fresco

**315. Frischling** *m*
young wild boar
marcassin *m*
cinghialetto *m*
jabato *m*

**316. Frisée** *f*
curly endive, friseé lettuce
salade *f* frisée, frisée *f*
indivia *f* riccia
lechuga *f* frisée

**317. Fritten** *pl*
*(BE)* chips, *(AE)* fries
pommes *fpl* frites, frites *fpl*

patatine *fpl* fritte
patatas *fpl* fritas

**318. frittieren** *v*
deep fry
frire
friggere
freír

**319. Froschschenkel** *mpl*
frog's legs
cuisses *fpl* de grenouilles
cosce *fpl* di rana
ancas *fpl* de rana

**320. Frucht** *f*
fruit
fruit *m*
frutto *m*
fruta *f*

**321. Fruchteis** *n*
sorbet
sorbet *m*
gelato *m* alla frutta
sorbete *m*

**322. Fruchtfleisch** *n*
fruit pulp, fruit flesh
pulpe *f*
polpa *f (del frutto)*
pulpa *f*

**323. fruchtig**
fruity
fruité
che sa di frutta, fruttato *(vino)*
con sabor a fruta

**324. Fruchtsafteis** *n*
sorbet
sorbet *m*
sorbetto *m*
sorbete *m*

**325. Frühlingszwiebel** *f*
spring onion
oignon *m* blanc
cipolla *f* bianca, cipollotto *m*
cebollita *f* blanca

**326. Frühstück** *n*
breakfast
petit déjeuner *m*
prima colazione *f*
desayuno *m*

**327. Fruktose** *f*
fructose
fructose *m*
fruttosio *m*
fructosa *f*

**328. füllen** *v*
fill, stuff
remplir
riempire *(in generale)*; mettere il ripieno, farcire
rellenar

**329. Füllung** *f*
filling *(general and with cream, chocolate etc., for cakes)*; stuffing *(with sausage, chestnuts etc., for meat, vegetables etc.)*
farce *f (en gén. salée, p. ex. chair à saucisse etc.)*; garniture *f (en gén. sucrée, p.ex. pour crème pâtissière, crème de chocolat etc., pour fourrer des pâtisseries)*
ripieno *m*, farcia *f (composto per farcire)*
relleno *m (en gen.)*; carne *f* picada *(carnes)*; masa *f* de embuchado *(tripas)*; crema *f* pastelera, crema *f* de chocolate *(etc., para repostería)*

# G

**330. Gabel** *f*
fork
fourchette *f*
forchetta *f*
tenedor *m*

**331. Gämse** *f*
chamois
chamois *m*; isard *m (Pyrénées)*
camoscio *m*
gamuza *f*

**332. Gang** *m*
course
plat *m (dans un menu)*
portata *f*, piatto *m*
plato *m (en un menú)*

**333. Gans** *f*
goose
oie *f*
oca *f*
ganso *m*, oca *f*

**334. Gänseleberpastete** *f*
pâté de foie gras (of goose)

pâté *m* de foie gras (d'oie)
pâté *m* di fegato d'oca
paté *m* de fuagrás (de ganso), fuagrás *m* (de ganso)

**335. ganz**
whole
entier
intero
entero

**336. gar**
cooked, done
(cuit) à point *(viande)*
a puntino, al punto giusto *(cotto)*
(cocido) en su punto *(carne)*

**337. Garderobe** *f*
cloakroom
vestiaire *m*
guardaroba *m*
guardarropa *m*

**338. gären** *v*
ferment
fermenter
fermentare; lievitare
fermentar

**339. Garnele** *f*
shrimp, prawn
crevette *f* grise
gamberetto *m*
camarón *m*, quisquilla *f*

**340. Gartenkresse** *f*
garden cress
cresson *m* alénois
crescione *m* inglese
mastuerzo *m*, berro *m*

**341. Gasthof** *m*, **Gaststätte** *f*
restaurant, inn
auberge *f*, restaurant *m*
trattoria *f*, locanda *f*, ristorante *m*
fonda *f*, hostería *f*

**342. Gebäck** *n*
cakes
pâtisserie *f*
pasticcini *mpl*
repostería *f*, pasteles *mpl*

**343. Gedeck** *n*
cover, place setting
couvert *m*
coperto *m*
cubierto *m*

**344. Geflügel** *n*
poultry
volaille *f*
pollame *m*
aves *fpl*

**345. gekörnt**
granulated
granulé
in granuli, granulato
granulado

**346. gelb**
yellow
jaune
giallo
amarillo

**347. Gelee** *n*
jelly; aspic *(meat, fish)*
gelée *f (fruits; viande, poisson)*
gelatina *f*; aspic *m*
jalea *f*; áspic *m*, fiambres *mpl* en gelatina *(carne, pescado)*

**348. gelieren** *v*
gel
gélifier
gelificare, gelificarsi; gelatinizzare
glasear

**349. gemahlen**
ground
moulu
macinato
molido *(en gen.)*; en polvo

**350. gemischt**
mixed
mélangé
misto
mezclado, mixto

**351. Gemüse** *n*
vegetable
légume *m*
verdura *f*
verdura(s) *f(pl)*

**352. Gemüsebrühe** *f*
vegetable stock, vegetable broth
bouillon *m* de légumes
brodo *m* vegetale
caldo *m* de verduras

**353. Gemüsezwiebel** *f*
Spanish onion
oignon *m* jaune, oignon-légume *m*

cipolla *f* dolce
cebolla *f* amarilla

**354. genau**
exact, precise
exact, précis
esatto, preciso
exacto, preciso

**355. geräuchert**
smoked
fumé
affumicato
ahumado

**356. Gericht** *n*
dish
plat *m*, mets *m*
piatto *m*, pietanza *f*
comida *f*, manjar *m*, plato *m*

**357. gerinnen** *v*
coagulate, clot
coaguler, cailler
coagulare, coagularsi
cuajar *(leche)*; engrumecerse *(hacer grumos)*

**358. Germ** *m(f) (Aut, Bay)*
(brewer's) yeast
levure *f*
lievito *m*
levadura *f*

**359. geröstet**
roasted
roussi, rissolé; torréfié *(café)*
tostato; torrefatto *(caffè)*
salteado; tostado *(café)*

**360. Gerste** *f*, **Gerstel** *n (Aut)*
barley
orge *f*
orzo *m*
cebada *f*

**361. Geruch** *m*
smell, scent
odeur *f*
odore *m*, profumo *m*
olor *m*

**362. Geschäftsessen** *n*
business meal
repas *m* d'affaires *(en gén.)*, déjeuner *m* d'affaires
pranzo *m* d'affari; cena *f* d'affari
comida *f* de empresa

**363. Geschirr** *n*
crockery
vaisselle *f*
stoviglie *fpl*, piatti *mpl*
vajilla *f*

**364. Geschmack** *m*
taste
goût *m*, saveur *m*; parfum *m (glace, sorbet)*
sapore *m*, gusto *m*
gusto *m*, sabor *m*

**365. Geschmacksverstärker** *m*
*(BE)* flavour enhancer
rehausseur *m* d'arôme
esaltatore *m* del sapore
intensificador *m* de sabor

**366. Geschnetzeltes** *n*
*(meat) cut into thin strips*
émincé *m (en gén. viande)*
*carne tagliata a striscioline*
lonchas *fpl* de carne

**367. geschützt**
protected
protégé
protetto
protegido

**368. gesund**
healthy; wholesome *(food)*
sain
sano
sano

**369. Getränk** *n*
drink
boisson *f*
bevanda *f*, bibita *f*
bebida *f*

**370. Getreide** *n*
grain, corn
céréales *fpl*
cereali *mpl*
cereales *mpl*

**371. Gewicht** *n*
weight
poids *m*
peso *m*
peso *m*

**372. gewöhnlich**
usual
ordinaire, habituel

solito, usuale; ordinario, comune
ordinario

**373. Gewürz** *n*
spice, seasoning
condiment *m*, épice *f*
condimento *m*, spezie *fpl*
condimento *m*, especia *f*

**374. Gewürzgurke** *f*
pickled gherkin
cornichon *m*
cetriolo *m* sott'aceto
pepinillo *m* en vinagre y especias

**375. Gewürznelke** *f*
clove
clou *m* de girofle
chiodo *m* di garofano
clavillo *m*, clavito *m*, clavo *m* (de olor)

**376. gießen** *v*
pour
verser
versare
verter

**377. Glas** *n*
glass
verre *m*
vetro *m*; bicchiere *m*
1. vidrio *m (sustancia)*; 2. vaso *m (envase)*

**378. glasieren** *v*
glaze
glacer
glassare
escarchar, glasear

**379. Glasur** *f*
glaze
glaçage *m*
glassa *f*
glaseado *m*

**380. glatt**
smooth, even
1. lisse; 2. homogène, uniforme
1. liscio; 2. omogeneo, uniforme
1. liso; 2. homogéneo, uniforme

**381. Glattbutt** *m*
brill *(fish)*
barbue *f (poisson)*
rombo *m* liscio *(pesce)*
rodaballo *m (pez)*

**382. glutenfrei**
gluten-free, without gluten
sans gluten
privo di glutine, senza glutine
sin gluten

**383. Goldbarsch** *m*
rose fish, red fish, ocean perch
sébaste *m (poisson)*
scorfano *m* atlantico *(pesce)*
escorpina *f*, gallineta *f (pez)*

**384. Goldbrasse** *f*
gilthead sea bream *(fish)*
dorade *f* royale *(poisson)*
orata *f (pesce)*
dorada *f (pez)*

**385. Goldbutt** *m*
plaice *(fish)*
plie *f*, carrelet *m (poisson)*
platessa *f (pesce)*
platija *f (pez)*

**386. Grammel** *f (Aut)*
crackling
gratton *m*
cicciolo *m*
chicharrón *m*

**387. Granatapfel** *m*
pomegranate
grenade *f*
melagrana *f*
granada *f*

**388. Grapefruit** *f*
grapefruit
pamplemousse *f*, pomélo *m*
pompelmo *m*
pomelo *m*

**389. Gräte** *f*
fishbone
arête *f*
lisca *f*, spina *f* di pesce
espina *f* de pescado

**390. gratinieren** *v*
*brown under the grill, generally with cheese*
gratiner
gratinare
gratinar

**391. grau**
*(BE)* grey, *(AE)* gray
gris
grigio
gris

**392. Grenadierfisch** *m*
roundnose grenadier *(fish)*
grenadier *m*
pesce *m* granatiere
grenadero *m*

**393. Griebe** *f*
crackling
gratton *m*
cicciolo *m*
chicharrón *m*

**394. Grieß** *m*
semolina
semoule *f*
semolino *m*
sémola *f*

**395. Grill** *m*
grill; barbecue
gril *m*; barbecue *m*
griglia *f*; barbecue *m*
parrilla *f*; barbacoa *f*

**396. Grillgericht** *n*, **Grillplatte** *f*
mixed grill
grillade(s) *f(pl)*
grigliata *f*
parrillada *f*, carne *f* asada a la parrilla

**397. grob**
coarse
gros, grossier
grossolano, grezzo
grosero, grueso

**398. Größe** *f*
size
grosseur *f*
misura *f*
tamaño *m*

**399. Größe/nach**
according to size
selon grosseur, s.g.
a seconda della grandezza
según tamaño

**400. grün**
1. green; 2. fresh, unripe *(fruit)*
1. vert; 2. pas mûr *(fruits)*
1. verde; 2. acerbo *(frutta)*
1. verde *(color)*; 2. verde *(fruta, etc.)*

**401. Grundlage** *f*
basis, base
base *f*
base *f*
base *f*

**402. Grundlage/auf der ~ von**
based on, on the basis of
à base de
sulla base di, in base a
tomando como base

**403. Grünkohl** *m*
(curly) kale
chou *m* vert
cavolo *m* verde
berza *f* común

**404. Grütze** *f*
groats
*bouillie de céréales égrugées*
tritello *m*
*papilla a base de cereales*

**405. Gulasch** *n(m)*
goulash
goulache *f*; ragoût *m*
gulasch *m*, spezzatino *m*
gulasch *m*, gulás *m*

**406. Gurke** *f*
cucumber
concombre *m*
cetriolo *m*
pepino *m*

# H

**407. Hachse** *f*
knuckle
jarret *m*
stinco *m*
jarrete *m*

**408. Hackbraten** *m*
meat loaf
*viande hachée montée en rôti*
polpettone *m* di carne
gigote *m*, asado *m* de carne picada

**409. Hackfleisch** *n*
mince
hachis *m*, viande *f* hachée
carne *f* trita
carne *f* picada, picadillo *m*

**410. Hafer** *m*
oats

avoine *f*
avena *f*
avena *f*

**411. Hahn** *m*
cock
coq *m*
gallo *m*
gallo *m*

**412. Hähnchen** *n*
chicken; cockerel
coquelet *m*
galletto *m*, pollo *m*
pollo *m*

**413. Haifisch** *m*
shark *(fish)*
requin *m (poisson)*
pescecane *m*, squalo *m (pesce)*
tiburón *m (pez)*

**414. Haifischflossen** *fpl*
shark's fins
ailes *fpl* de requin
pinne *fpl* di squalo
aletas *fpl* de tiburón

**415. Hälfte** *f*
half
moitié *f*
metà *f*
mitad *f*

**416. Hals** *m*
neck
1. cou *m (en gén.)*; 2. collier *m (bœuf, veau, mouton)*; 3. échine *f (porc)*
1. collo *m*; 2. giovarro *m (bue, vitello, montone)*; 3. lombata *f (maiale)*
cuello *m*

**417. haltbar**
keeps well
de bonne conservation
conservabile
duradero, resistente

**418. Hammel** *m*
wether, mutton
mouton *m*
montone *m*
carnero *m*

**419. Hammelfleisch** *n*
mutton
mouton *m*
carne *f* di montone
carnero *m*, carne *f* de carnero

**420. Hand** *f*
hand
main *m*
mano *f*
mano *f*

**421. Hand/eine ~ voll**
a handful of
une poignée de
un pugno di
un puñado de

**422. Handtuch** *n*
towel
essuie-mains *m*
asciugamano *m*
toalla *f*

**423. hart**
1. hard *(general)*; 2. tough *(meat)*
1. dur *(en gén.)*; 2. coriace *(viande)*
duro
1. duro *(en gen.)*; 2. correoso *(carne)*

**424. Hartkäse** *m*
hard cheese
fromage *m* à pâte dure
formaggio *m* duro
queso *m* de pasta dura

**425. Hartweizen** *m*
durum wheat
blé *m* dur
grano *m* duro
trigo *m* duro

**426. Hase** *m*
hare
lièvre *m*
lepre *f*
liebre *f*

**427. Haselnuss** *f*
hazelnut
noisette *f*
nocciola *f*
avellana *f*

**428. Hauptgang** *m*, **Hauptgericht** *n*
main course
plat *m* principal
piatto *m* principale
plato *m* principal

**429. hausgebeizt**
home marinated

mariné à la maison
marinato in casa
*(comida casera)* 1. en escabeche *(pescado)*; 2. adobado *(carne)*

**430. hausgemacht**
homemade
fait maison
fatto in casa, casereccio, casalingo
casero, que se hace en casa

**431. Hauskaninchen** *n*
rabbit
lapin *m*
coniglio *m*
conejo *m*

**432. Hausmannskost** *f*
plain cooking
cuisine *f* familiale
cucina *f* casalinga
comida *f* casera

**433. Haut** *f*
skin
peau *f*
pelle *f*
piel *f*

**434. Haut abziehen** *v*
skin
dépiauter, dépouiller
togliere la pelle, spellare
desollar, despellejar

**435. Hecht** *m*
pike *(fish)*
brochet *m (poisson)*
luccio *m (pesce)*
lucio *m (pez)*

**436. Hechtbarsch** *m (Aut)*
pike(-)perch *(fish)*
sandre *m (poisson)*
luc(c)ioperca *m (pesce)*
lucioperca *f*

**437. Hechtdorsch** *m*
hake *(fish)*
merlu *m (poisson)*
nasello *m (pesce)*
merluza *f (pez)*

**438. Hefe** *f*
yeast
levure *f*
lievito *m*
levadura *f*

**439. Hefebrot** *n*
*varieties of bread made from yeast dough*
brioche *f*, pain *m* brioché
pane *m* lievitato
pan *m* de brioche

**440. Heidelbeere** *f*
bilberry, blueberry
myrtille *f*
mirtillo *m* (nero)
arándano *m*, mirtillo *m*

**441. Heilbutt** *m*
halibut *(fish)*
flétan *m (poisson)*
ippoglosso *m (pesce)*
fletán *m (pez)*

**442. heiß**
hot
chaud
bollente
(muy) caliente

**443. heiß machen** *v*
heat up, warm up
(faire) chauffer, réchauffer
scaldare
calentar

**444. helfen** *v*
help
aider
aiutare
ayudar

**445. herb**
bitter, sharp; dry *(wine)*
âcre, âpre
aspro, acre
acre, acerbo, áspero

**446. Hering** *m*
herring *(fish)*
hareng *m*
aringa *f*
arenque *m*

**447. Herkunft** *f*
origin
origine *f*, provenance *f*
provenienza *f*, origine *f*
origen *m*

**448. Herstellung** *f*
production
production *f*, fabrication *f*

produzione *f*, fabbricazione *f*
fabricación *f*, producción *f*

**449. Herz** *n*
heart
cœur *m*
cuore *m*
corazón *m*

**450. Herzmuschel** *f*
cockle
bucarde *f*
cuore *m (mollusco)*
berberecho *m*, macruro *m*

**451. Hilfe** *f*
help
aide *f*
aiuto *m*
ayuda *f*

**452. Himbeere** *f*
raspberry
framboise *f*
lampone *m*
frambuesa *f*

**453. Himbeergeist** *m*
raspberry brandy
eau-de-vie *f* de framboise, framboise *f*
distillato *m* di lampone
aguardiente *m* de frambuesas

**454. Hirn** *n*
brain
cervelle *f*
cervella *f*
sesos *mpl (cocina)*

**455. Hirsch** *m*
red deer
cerf *m*
cervo *m*
ciervo *m*

**456. Hirschkalb** *n*
red deer calf
jeune cerf *m*
cerbiatto *m*
cervato *m*

**457. Hirse** *f*
millet
(blé) millet *m*
miglio *m*
mijo *m*

**458. Hitze** *f*
heat
chaleur *f*
calore *m*
calor *m*

**459. H-Milch** *f*
long-life milk, UHT milk
lait *m* de longue conservation, lait *m* UHT
latte *m* a lunga conservazione
leche *f* uperizada

**460. höflich**
polite
poli
gentile, cortese
cortés, educado

**461. Höflichkeit** *f*
politeness
politesse *f*
gentilezza *f*, cortesia *f*
cortesía *f*

**462. Hoki** *m (Fisch)*
(blue) grenadier *(fish)*
grenadier *m (poisson)*
merluzzo *m* granatiere *(pesce)*
cola *f* de rata azul *(pez)*

**463. Holder** *m (Aut, SüdD)*, **Holunder** *m*
elder
sureau *m*
sambuco *m*
saúco *m*

**464. Honig** *m*
honey
miel *m*
miele *m*
miel *f*

**465. Hörnchen** *n*
croissant
croissant *m*, cornet *m (glace)*
cornetto *m*, brioche *f*
croissant *m*, cruasán *m*

**466. Hornhecht** *m*
garpike *(fish)*
orphie *f (poisson)*
aguglia *f (pesce)*
aguja *f*, espetón *m (pez)*

**467. Hüfte** *f*
rump *(beef)*; chump *(veal)*; back bacon *(pork)*
hanche *f (bœuf)*; quasi *m (veau)*; pointe *f*, pointe *f* de filet *(porc)*

anca *f*, fianco *m*
cadera *f*, culata *f*

**468. Huhn** *n*
chicken
poule *f*
pollo *m*
gallina *f*

**469. Hühnerbrühe** *f*
chicken broth, chicken soup
bouillon *m* de volaille, bouillon *m* de poule
brodo *m* di pollo
caldo *m* de gallina

**470. Hühnerjunges** *n (Aut)*, **Hühnerklein** *n*
chicken giblets (and trimmings)
abattis *m* (de volailles)
rigaglie *fpl* di pollo
menudillos *mpl*, menudos *mpl* de ave

**471. Hülsenfrüchte** *fpl*
pulses
légumes *mpl* secs
legumi *mpl*
legumbres *fpl*

**472. Hummer** *m*
lobster
homard *m*
omaro *m*, astice *m*
bogavante *m*

**473. Hummersuppe** *f*
lobster soup
bisque *f* de homard
zuppa *f* di gamberi
sopa *f* de bogavante

**474. Hunger** *m*
hunger
faim *f*
fame *f*
hambre *f*

# I

**475. Imbiss** *m*
snack
en-cas *m*, collation *f*, casse-croûte *m* *(pop.)*
spuntino *m*
colación *f*, refrigerio *m*, *(pop.)* piscolabis *m*

**476. Ingwer** *m*
ginger
gingembre *m*
zenzero *m*
jengibre *m*

**477. Innereien** *fpl*
giblets
abats *mpl*
interiora *fpl*
tripas *fpl*, menudillos *mpl*

# J

**478. Jahreszeit** *f*
season
saison *f*
stagione *f*
estación *f*

**479. Jahreszeit/von der ~ abhängig**
depending on the time of year
selon la saison; saisonnier
di stagione, stagionale
propio de la estación, estacional

**480. Jahrgang** *m (Wein)*
vintage *(wine)*
millésime *m (vin)*
annata *f (vino)*
añada *f*

**481. Jahrgangsangabe/mit**
indicating the year of production
millésimé
con indicazione dell'annata
con indicación del año de la cosecha

**482. Jakobsmuschel** *f*
scallop
coquille *f* Saint-Jacques
capasanta *f*, conchiglia *f* di San Giacomo
vieira *f*

**483. Jause** *f (Aut)*
snack
en-cas *m*, collation *f*, casse-croûte *m* *(pop.)*
spuntino *m*, merenda *f*
merienda *f*

**484. Joghurt** *m*
yoghurt
yaourt *m*

yogurt *m*
yogur *m*

**485. Johannisbeere** *f***/rote**
redcurrant
groseille *f* (rouge)
ribes *m* (comune)
grosella *f*

**486. Johannisbeere** *f***/schwarze**
blackcurrant
cassis *m*
ribes *m* nero
grosella *f* negra, casis *f*

**487. jung**
young
jeune
giovane
1. joven *(en gen.)*; 2. verde *(legumbres)*; 3. nuevo *(vino)*

**488. Jungente** *f*
duckling
canette *f*, caneton *m*
anatroccola *f*
patito *m*

**489. Jungrind** *n*
heifer
génisse *f*
vitellone *m*
becerra *f*, ternera *f*

**490. Jungschwein** *n*
piglet, sucking pig
goret *m*, porcelet *m*
maialino *m*, porcellino *m*
lechón *m*

# K

**491. Kabeljau** *m*
cod *(fish)*
cabillaud *m (poisson)*
merluzzo *m* comune *(pesce)*
bacalao *m* fresco *(pez)*

**492. Kaffee** *m*
coffee
café *m*
caffè *m*
café *m*

**493. Kaffee** *m***/koffeinfreier**
decaffeinated coffee; "a decaf!"
café *m* décaféiné, déca *m*
caffè *m* decaffeinato
café *m* descafeinado

**494. Kaffeekanne** *f*
coffee pot
cafetière *f*
bricco *m* del caffè
cafetera *f*

**495. Kaffeelöffel** *m*
coffee spoon
cuiller *f* à café
cucchiaino *m*
cucharilla *f* de café

**496. Kaffeemaschine** *f*
coffee machine
machine *f* à café
macchina *f* del caffè
cafetera *f* eléctrica

**497. Kaisergranat** *m (Aut)*
king prawn
langoustine *f*
scampo *m*
langostino *m*

**498. Kakao** *m*
cocoa
cacao *m*, chocolat *m* (à boire)
cacao *m*; cioccolata *f* calda
cacao *m*; chocolate *m*

**499. Kaki(frucht)** *f*
Japanese persimmon, kaki, date plum
kaki *f*, coing *m* de Chine
cachi *m*, caco *m*
caqui *m*, kaki *m*, palo *m* santo

**500. Kalb** *n*
calf
veau *m*
vitello *m*
ternera *f*

**501. Kalbfleisch** *n*
veal
veau *m*
carne *f* di vitello
ternera *f*

**502. Kalbsbrust** *f***/(gefüllte)**
(stuffed) veal breast
poitrine *f* de veau (farcie)

cima *f* alla genovese *(punta di petto di vitello farcita)*
pecho *m* de ternera (relleno)

**503. Kalbskeule** *f*
leg of veal
cuisseau *m* (de veau)
coscia *f* di vitello
pierna *f*, cuarto *m* trasero *(ternera)*

**504. Kalbskopf** *m*
calf's head
tête *f* de veau
testina *f* di vitello
cabeza *f* de ternera

**505. Kalbsmedaillon** *n*
veal medallion
médaillon *m*, mignon *m* de veau
medaglione *m* di vitello
medallón *m* de ternera

**506. Kalbsnierenbraten** *m*
rolled and roast loin of veal
rognonnade *f*, longe *f* de veau (avec rognon)
arrosto *m* di vitello con rognoni
lomo *m* de ternera (con los riñones)

**507. Kaldaunen** *fpl*
tripe
tripes *fpl*
trippa *f*
callos *mpl*, tripas *fpl*

**508. Kalmar** *m*
squid
cal(a)mar *m*, encornet *m*
calamaro *m*
calamar *m*, chipirón *m*

**509. kalt**
cold
froid
freddo
frío

**510. kalt stellen** *v*
store, keep cold
refroidir, rafraîchir, mettre au frais
mettere in fresco
refrescar

**511. Kamille** *f*
camomile
camomille *f*
camomilla *f*
camomila *f*, manzanilla *f*

**512. Kamin** *m*
chimney, fireplace
cheminée *f*
camino *m*
chimenea *f*

**513. kandieren** *v*
crystallize
(se) candir, confire
candire
confitar, escarchar

**514. Kandiszucker** *m*
rock candy
sucre *m* candi
zucchero *m* candito
azúcar *m* cande

**515. Kanditen** *pl (Aut)*
crystallized fruit
fruits *mpl* confits
canditi *mpl*
frutas *fpl* confitadas, frutas *fpl* escarchadas

**516. Kaninchenfrikassee** *n*
rabbit fricassee
gibelotte *m* de lapin
fricassea *f* di coniglio
fricasé *m* de conejo

**517. Kapaun** *m*
capon
chapon *m*
cappone *m*
capón *m*

**518. Kapern** *fpl*
capers
câpres *fpl*
capperi *mpl*
alcaparras *fpl*

**519. Karaffe** *f*
carafe
carafe *f*
caraffa *f*
garrafa *f*

**520. Karamell** *n*
caramel
caramel *m*
caramello *m*
caramelo *m*

**521. Karbonade** *f*
chop, cutlet *(pork)*
carré *m* de côtes *(porc)*

braciola *f (di maiale)*
costillar *m*

**522. Karfiol** *m (Aut)*
cauliflower
chou *m* fleur
cavolfiore *m*
coliflor *f*

**523. Karotte** *f*
carrot
carotte *f*
carota *f*
zanahoria *f*

**524. Karpfen** *m*
carp
carpe *f*
carpa *f*
carpa *f (pez)*

**525. Kartoffel** *f*
potato
pomme *f* de terre
patata *f*
patata *f*

**526. Kartoffelkroketten** *fpl*
croquette potatoes
croquettes *fpl* de pommes de terre *(genre pommes dauphines)*
crocchette *fpl* di patate
croquetas *fpl* de patatas

**527. Käse** *m*
cheese
fromage *m*
formaggio *m*
queso *m*

**528. Käsekuchen** *m*
cheesecake
tarte *f* au fromage blanc
torta *f* di ricotta
tarta *f* de queso

**529. Käseplatte** *f*
cheese platter
plateau *m* de fromages
selezione *f* di formaggi
plato *m* de quesos surtidos

**530. Kastanie** *f*
(sweet) chestnut
châtaigne *f*, marron *m*
castagna *f*
castaña *f*

**531. Katzenhai** *m*
dogfish
roussette *f (poisson)*
gattuccio *m (pesce)*
lija *f*, pintarroja *f (pez)*

**532. kaufen** *v*
buy
acheter
acquistare, comperare
comprar

**533. Kaviar** *m*
caviar
caviar *m*
caviale *m*
caviar *m*

**534. Keim** *m*, **Keimling** *m*
germ
germe *m*
germe *m*; germoglio *m*
germen *m*

**535. Keks** *m*
*(BE)* biscuit, *(AE)* cookie
petit sablé *m*, biscuit *m* sec
biscotto *m*
galleta *f*

**536. Keller** *m*
cellar
cave *f*
cantina *f*
sótano *m*; bodega *f*

**537. Kellner** *m*
waiter
garçon *m* (de café, de restaurant), serveur *m*
cameriere *m*
camarero *m*, mozo *m*

**538. Kerbel** *m*
chervil
cerfeuil *m*
cerfoglio *m*
perifollo *m*

**539. Kern** *m*
pip, seed; stone *(in fruit)*
pépin *m*; grain *m*
nocciolo *m*, seme *m*
pepita *f*; pipa *f*; hueso *m*

**540. Keule** *f*
leg *(beef, poultry, mutton, lamb etc.)*
cuisse *f (bœuf, volaille)*; cuisseau *m (veau)*;

gigot *m (agneau, mouton)*; cuissot *m (gibier)*
coscia *f (di bue, di volatile)*; cosciotto *m (di vitello, di montone, d'agnello, di selvaggina grossa)*
pierna *f*; pata *f*, muslo *m (ave)*; pernil *m (de caza mayor)*

**541. Kichererbsen** *fpl*
chickpeas
pois *mpl* chiches
ceci *mpl*
garbanzos *mpl*

**542. Kido** *f (Aut)*
quince
coing *m*
cotogna *f*, mela *f* cotogna
membrillo *m*

**543. Kindersitz** *m*
child's seat
siège *m* pour enfants
seggiolino *m* per bambini
sillín *m* para niños

**544. Kinderteller** *m*
children's menu, children's portion
assiette *f* enfant
porzione *f* per bambini
plato *m* para niños

**545. Kipferl** *n (Aut)*
croissant
croissant *m*
cornetto *m*, brioche *f*
croissant *m*, cruasán *m*

**546. Kirsche** *f*
cherry
cerise *f*
ciliegia *f*
cereza *f*

**547. Kirschtomate** *f*
cherry tomato
tomate *f* cerise
pomodorino *m* ciliegia
tomate *m* cereza

**548. Kirschwasser** *n*
kirsch
eau-de-vie *f* de cerises, kirsch *m*
acquavite *f* di ciliegie
aguardiente *m* de cereza, kirsch *m*

**549. Kissen** *n*
cushion
coussin *m*
cuscino *m*
almohada *f*, cojín *m*

**550. klar**
clear
clair, limpide
limpido, chiaro
claro

**551. kleben** *v*
stick
coller
attaccare, appiccicare, incollare
pegar

**552. Kleiderbügel** *m*
coat hanger, clothes hanger
cintre *m*
ometto *m*, gruccia *f*
colgadero *m*, percha *f*

**553. Kleie** *f*
bran
son *m*
crusca *f*
salvado *m*, afrecho *m*

**554. Klementine** *f*
clementine
clémentine *f*
clementina *f*
clementina *f*

**555. Kliesche** *f (Fisch)*
dab *(fish)*
limande *f (poisson)*
limanda *f (pesce)*
limanda *f (pez)*

**556. Klimaanlage** *f*
air conditioning
climatisation *f*
aria *f* condizionata
climatización *f*

**557. Klimaschrank** *m*
wine storage cabinet
cave *f* à vin *(meuble réfrigéré)*
armadio *m* climatizzato *(per vini)*
armario *m* climatizado, armario *m* bodega *(para vino)*

**558. Klinge** *f*
blade
lame *f* (de couteau)
lama *f*
hoja *f (cuchillo)*

**559. Klops** *m*, **Kloß** *m*
dumpling
boulette *f*
polpetta *f*; gnocco *m*
albóndiga *f*

**560. Knoblauch** *m*
garlic
ail *m*
aglio *m*
ajo *m*

**561. Knochen** *m*
bone
os *m*
osso *m*
hueso *m*

**562. Knödel** *m*
dumpling
boulette *f*
canederlo *m*; gnocco *m*
albóndiga *f*

**563. Knollensellerie** *m*
celeriac
céleri *m* rave
sedano *m* rapa
apio *m* nabo, apio *m* rábano

**564. Knorpel** *m*
cartilage; gristle *(in food)*
cartilage *m*
cartilagine *f*
cartílago *m*

**565. Knurrhahn** *m*
gurnard *(fish)*
grondin *m (poisson)*
cappone *m*, gallinella *f (pesce)*
lluerna *f (pez)*

**566. knusprig**
crispy, crunchy
croustillant, croquant
croccante
crujiente, cuscurrante

**567. Koch** *m*
cook
cuisinier *m*
cuoco *m*
cocinero *m*

**568. kochen** *v*
cook; boil
faire la cuisine, cuisiner; bouillir
cucinare, cuocere; bollire
cocer, cocinar; hervir

**569. Kochschinken** *m*
cooked ham
jambon *m* blanc
prosciutto *m* cotto
jamón *m* cocido, jamón *m* de York

**570. koffeinfrei**
decaffeinated
décaféiné
decaffeinato
descafeinado

**571. Kohl** *m*
cabbage
chou *m*
cavolo *m*
col *f*, berza *f*

**572. Kohlensäure/mit** *(Mineralwasser)*
sparkling *(mineral water)*
gazeuse *(eau minérale)*
gas(s)ato, frizzante *(acqua minerale)*
con gas *(agua mineral)*

**573. Kohlensäure/ohne** *(Mineralwasser)*
still *(mineral water)*
non gazeuse, plate *(eau minérale)*
non gas(s)ato, naturale *(acqua minerale)*
sin gas *(agua mineral)*

**574. Köhler** *m*, **Kohlfisch** *m*
coalfish, coley, saithe *(fish)*
lieu *m* noir *(poisson)*
merluzzo *m* carbonaro *(pesce)*
merluza *f (pez)*

**575. Kohlrabi** *m*
kohlrabi
*petit chou rave blanc*
cavolo *m* rapa
colirrábano *m (variedad de colinabo)*

**576. Kohlrübe** *f*
swede, *(AE)* yellow turnip
rutabaga *m*, chou *m* rave
rapa *f*
colinabo *m*, nabo *m* sueco

**577. Kokosmakrone** *f*
(coconut) macaroon
congolais *m*
biscotto *m* al cocco
pastelito *m* de coco

**578. Kokosnuss** *f*
coconut

noix *f* de coco
noce *f* di cocco
nuez *f* de coco

**579. Kompott** *n*
compote
compote *f*
composta *f*, frutta *f* cotta
compota *f*

**580. Kondensmilch** *f*
condensed milk, evaporated milk
lait *m* concentré
latte *m* condensato
leche *f* condensada

**581. Konditoreiware** *f*
confectionary
pâtisserie *f*
pasticceria *f*
repostería *f*, pasteles *mpl*

**582. Konfitüre** *f*
jam
confiture *f*
confettura *f*, marmellata *f*
mermelada *f*

**583. Konservierungsmittel** *n*
preservative
produit *m* de conservation
conservante *m*
conservante *m*

**584. Kopf** *m*
head
tête *f*
testa *f*
cabeza *f*

**585. Kopfsalat** *m*
lettuce
laitue *f*
lattuga *f*
lechuga *f*

**586. Korb** *m*
basket
panier *m*
cesto *m*, paniere *m*
cesta *f*

**587. Koriander** *m*
coriander, *(AE)* cilantro
coriandre *m*
coriandolo *m*, coriandro *m*
cilantro *m*, culantro *m*

**588. Korinthen** *fpl*
currants
raisins *mpl* secs noirs de Corinthe
uva *f* passa
pasas *fpl* de Corinto

**589. Korken** *m*
cork
bouchon *m*
tappo *m*, turacciolo *m*
corcho *m*, tapón *m*

**590. Korkenzieher** *m*
corkscrew
tire-bouchon *m*
cavatappi *m*
sacacorchos *m*

**591. Korn** *n*
corn, grain, rye
grain *m*, graine *f*
chicco *m*; grano *m*
grano *m*

**592. körnig**
granulated
granulé
granuloso, a grani
granulado

**593. koscher**
kosher
kasher
cascer, kasher
kosher, kasher

**594. kosten** *v*
1. cost; 2. taste
1. coûter; 2. goûter, déguster
1. costare; 2. assaggiare
1. costar, valer; 2. probar, saborear, degustar

**595. köstlich**
delicious
délicieux
delizioso, squisito
delicioso, sabroso

**596. Kotelett** *n*
chop, cutlet
côtelette *f*
costoletta *f*; cotoletta *f*
chuleta *f*, costilla *f*

**597. Krabbe** *f*
shrimp
crevette *f* grise

gamberetto *m* grigio
quisquilla *f* gris

598. **Kraftbrühe** *f*
beef stock
bouillon *m* de viande, consommé *m*
brodo *m* ristretto
caldo *m* de carne; consomé *m*

599. **Krake** *f*
octopus
poulpe *f*
polpo *m*
calamar *m*, pulpo *m*

600. **Kranz** *m*
ring
couronne *f*
corona *f*
corona *f*

601. **Krapfen** *m*
doughnut
beignet *m*
krapfen *m*, bombolone *m*
bollo *m*, buñuelo *m*

602. **Kraut** *n*
herb
herbe *f*
erba *f* aromatica
hierba *f*

603. **Kräuterquark** *m*
*quark mixed with herbs*
fromage *m* blanc aux fines herbes
quark *m* aromatizzato
requesón *m* con finas hierbas

604. **Krebs** *m*
crayfish *(fresh water)*; crab *(salt water)*
écrevisse *f (eau douce)*; crabe *m (eau de mer)*
gambero *m*
cangrejo *m*, centolla *f*

605. **Kreditkarte** *f*
credit card
carte *f* de crédit
carta *f* di credito
tarjeta *f* de crédito

606. **Krem** *f*
cream
crème *f*
crema *f*
crema *f*

607. **Kren** *m (Aut, SüdD)*
horseradish
raifort *m*
barbaforte *m*, cren *m*
rábano *m* picante

608. **Kresse** *f*
cress
cresson *m*
crescione *m*
mastuerzo *m*

609. **Kristallzucker** *m*
refined sugar crystals
sucre *m* cristallisé
zucchero *m* cristallino
azúcar *m* cristalizado

610. **Krokant** *m*
cracknel
*un genre de nougatine*
croccante *m*
crocante *m (especie de turrón)*

611. **Krokette** *f*
croquette
croquette *f*
crocchetta *f*
croqueta *f*

612. **Krug** *m*
jug, mug, tankard *(beer)*
cruche *f*, pichet *m*
brocca *f*, boccale *m*
jarro *m*, botijo *m*

613. **Krümel** *m*
crumb
miette *f*
briciolina *f*
miga *f*, migaja *f*

614. **Küche** *f*
1. kitchen *(place of work)*; 2. cuisine *(gastronomic quality and orientation)*
cuisine *f*
cucina *f*
cocina *f*

615. **Kuchen** *m*
cake
gâteau *m*, tarte *f*
dolce *m*, torta *f*
pastel *m*, tarta *f*

616. **Kuchenboden** *m*
cake base
fond *m* de tarte, abaisse *f*

fondo *m* di torta
fondo *m* de tarta

**617. Kugel** *f*
ball
boule *f*
palla *f*
bola *f*, bolita *f*

**618. Kuh** *f*
cow
vache *f*
mucca *f*
vaca *f*

**619. kühl**
cool
frais
fresco
fresco

**620. kühlen** *v*
store cold, keep cold
refroidir, rafraîchir, mettre au frais
raffreddare
refrescar

**621. Kühlschrank** *m*
refrigerator, fridge
réfrigérateur *m*, frigo *m*
frigorifero *m*, frigo *m*
frigorífico *m*, nevera *f*, refrigerador *m*

**622. Kühltasche** *f*
cool bag
sac *m* isotherme
borsa *f* termica
bolsa *f* isotérmica

**623. Kühltheke** *f*
cool counter
vitrine *f* réfrigérante
banco *m* refrigerato, vetrina *f* refrigerata
vitrina *f* refrigerante

**624. Kukuruz** *m (Aut)*
maize, *(AE)* corn
maïs *m*
mais *m*
maíz *m*

**625. Kümmel** *m*
caraway seed
cumin *m*, carvi *m*
cumino *m*
comino *m*

**626. Kunde** *m*
customer, client
client *m*
cliente *m*
cliente *m*

**627. Kundschaft** *f*
customers
clientèle *f*
clientela *f*
clientela *f*

**628. künstlich**
artificial
artificiel
artificiale; sintetico
artificial

**629. Kürbis** *m*
pumpkin
courge *f (en gén.)*, potiron *m*, citrouille *f*
zucca *f*
calabaza *f*

**630. Kürbiskerne** *mpl*
pumpkin seeds
graines *fpl* de courge
semi *mpl* di zucca
pepitas *fpl* de calabaza, semillas *fpl* de calabaza

**631. Kutteln** *fpl (Aut, SüdD)*
tripe
tripes *fpl*
trippa *f*
callos *mpl*, tripas *fpl*

# L

**632. Lachs** *m*
salmon
saumon *m*
salmone *m*
salmón *m*

**633. Lachsforelle** *f*
salmon trout
truite *f* saumonée
trota *f* salmonata
trucha *f* salmonada

**634. Laib** *m (Brot)*
loaf *(bread)*
miche *f (pain)*
pagnotta *f (pane)*
hogaza *f (pan)*

**635. laktosefrei**
lactose-free
sans lactose
privo di lattosio, senza lattosio
sin lactosa

**636. Lamm** *n*
lamb
agneau *m*
agnello *m*
cordero *m*

**637. Lamprette** *f*
lamprey *(fish)*
lamproie *f (poisson)*
lampreda *f (pesce)*
lamprea *f (pez)*

**638. Landgasthaus** *n*
country inn
auberge *f* campagnarde
albergo *m* di campagna
hostal *m* rural, fonda *f*

**639. ländlich (einfach)**
rustic
rustique
campagnolo, rustico
rústico

**640. Landwein** *m*
local wine
vin *m* de pays
vino *m* locale
vino *m* del país

**641. lang**
long
long
lungo
largo

**642. Languste** *f*
langouste, spiny lobster
langouste *f*
aragosta *f*
langosta *f*

**643. Langustine** *f*
king prawn
langoustine *f*
scampo *m*
langostino *m*

**644. Lauch** *m*
leek
poireau *m*
porro *m*
puerro *m*

**645. Lauchzwiebel** *f*
spring onion
oignon *m* blanc
cipolla *f* bianca, cipollotto *m*
cebollita *f* blanca

**646. lauwarm**
lukewarm
tiède
tiepido
tibio, templado

**647. Lavendel** *m*
lavender
lavande *f*
lavanda *f*
lavanda *f*

**648. lebend**, **lebendig**
living
vivant
vivente, vivo
viviente, vivo

**649. Lebensmittel** *npl*
food
aliments *mpl*, denrées *fpl*
alimenti *mpl*, derrate *fpl* alimentari
alimentos *mpl*; comestibles *mpl*, víveres *mpl*

**650. Leber** *f*
liver
foie *m*
fegato *m*
hígado *m*

**651. Leberpastete** *f*
liver pâté
pâté *m* de foie
pâté *m* di fegato
paté *m* de hígado

**652. Lebkuchen** *m*
*cake similar to ginger bread*
pain *m* d'épices
panpepato *m*
pan *m* de especias

**653. leer**
empty
vide
vuoto
vacío

**654. legieren** *v*
thicken
lier *(sauce, potage)*
(far) legare *(salsa, sugo)*
espesar, ligar, trabar *(salsa, sopa)*

**655. leicht**
1. easy; 2. light *(weight)*
1. facile; 2. léger *(poids)*
1. facile; 2. leggero
1. fácil; 2. ligero *(peso)*

**656. Lendenbraten** *m*, **Lendenstück** *n*
piece of loin
aloyau *m (bœuf)*, longe *f (veau, chevreuil)*
lombata *f*
1. solomillo *m (vaca)*, 2. lomo *m* asado *(ternera, corzo)*

**657. Liebstöckel** *n(m)*
lovage
livèche *f*
levistico *m*, sedano *m* di monte
apio *m* de montaña

**658. Lieferant** *m*
supplier
fournisseur *m*
fornitore *m*
proveedor *m*

**659. liefern** *v*
deliver, supply
livrer, fournir
fornire
entregar, proveer

**660. Likör** *m*
liqueur
liqueur *f*
liquore *m*
licor *m*

**661. Limette** *f*
(sour) lime
citron *m* vert, limette *f*
limetta *f*
lima *f*

**662. Limone** *f*
lime
limon *m (variété de citron)*
limetta *f*
lima *f*

**663. Lindenblütentee** *m*
lime blossom tea
tilleul *m (infusion)*
tisana *f* al tiglio
tila *f*

**664. Linsen** *fpl*
lentils
lentilles *fpl*
lenticchie *fpl*
lentejas *fpl*

**665. Lippfisch** *m*
wrasse *(fish)*
vieille *f (poisson)*
labro *m (pesce)*
gallano *m*, maragota *f (pez)*

**666. Liter** *m*
litre
litre *m*
litro *m*
litro *m*

**667. locker**
light *(pastry)*
léger *(pâte)*
soffice *(pasta)*
esponjoso, ligero *(pasta)*

**668. Löffel** *m*
spoon
cuiller *f*
cucchiaio *m*
cuchara *f*

**669. Löffelbiskuit** *n*
sponge finger, biscuit
biscuit *m* à la cuiller; boudoir *m (avec sucre cristallisé)*
savoiardo *m*
bizcocho *m* de soletilla

**670. Longan(frucht)** *f*
longan fruit
longane *f*
longan *m*
longan *m*

**671. Lorbeer** *m*
laurel
laurier *m*
alloro *m*
laurel *m*

**672. Löwenzahn** *m*
dandelion
pissenlit *m*
dente *m* di leone, tarassaco *m*
diente *m* de león

**673. Luft** *f*
air
air *m*
aria *f*
aire *m*

**674. lüften** *v*
air
aérer
aerare
airear

**675. Lüftung** *f*
ventilation
aération *f*
aerazione *f*
ventilación *f*

**676. Lunge** *f*
lung
poumon *m*, mou *m*
polmone *m*
pulmón *m*, bofe *m*

# M

**677. Magen** *m*
stomach
estomac *m*
stomaco *m*
estómago *m*

**678. mager**
lean *(meat)*; low-fat *(yoghurt, etc.)*
maigre
magro
magro

**679. Magermilch** *f*
skimmed milk, low-fat milk
lait *m* maigre, lait *m* écrémé
latte *m* magro
leche *f* desnatada

**680. Mahlzeit** *f*
meal
repas *m*
pasto *m*
comida *f*

**681. Maifisch** *m*
shad *(fish)*
alose *f (poisson)*
alosa *f (pesce)*
alosa *f*, sábalo *m (pez)*

**682. Mais** *m*
maize, *(AE)* corn
maïs *m*
mais *m*, granoturco *m*
maíz *m*

**683. Majoran** *m*
marjoram
marjolaine *f*, origan *m*
maggiorana *f*
mejorana *f*

**684. Makrele** *f*
mackerel
maquereau *m*
maccarello *m*, sgombro *m*
caballa *f (pez)*

**685. makrobiotisch**
macrobiotic
macrobiotique
macrobiotico
macrobiótico

**686. Malz** *n*
malt
malt *m*
malto *m*
malta *f*

**687. Mandarine** *f*
mandarin
mandarine *f*
mandarino *m*
mandarina *f*

**688. Mandelcreme** *f*
almond cream
frangipane *f (garniture gateau)*; crème *f* aux amandes
crema *f* di mandorle
crema *f* de almendras

**689. Mandeln** *fpl*
almonds
amandes *fpl*
mandorle *fpl*
almendras *fpl*

**690. Mango(frucht)** *f*
mango
mangue *f*
mango *m*
mango *m*

**691. Mangold** *m*
(Swiss) chard
bette *f*, blette *f*
bietola *f*
acelga *f*, bledo *m*

**692. Marille** *f (Aut)*
apricot
abricot *m*
albicocca *f*
albaricoque *m*

**693. Marinade** *f*
marinade
marinade *f*
marinata *f*
escabeche *m*, marinada *f*

**694. marinieren** *v*
marinate
mariner
marinare
adobar *(carne)*, escabechar *(pescado)*

**695. Markt** *m*
market
marché *m*
mercato *m*
mercado *m*

**696. Marmelade** *f (pop. für Konfitüre)*
jam
confiture *f*
marmellata *f*
confitura *f*

**697. Marmelade** *f (aus Zitrusfrüchten)*
marmalade
marmelade *f*
marmellata *f* di agrumi
mermelada *f*

**698. Marone** *f*
sweet chestnut
châtaigne *f*, marron *m*
marrone *m (castagna di varietà pregiata)*
castaña *f*

**699. Marzipan** *n*
marzipan
massepain *m*, pâte *f* d'amandes
marzapane *m*, pasta *f* di mandorle
mazapán *m*, pasta *f* de almendras

**700. Masthuhn** *n*
fat chicken
poularde *f*
pollo *m* da ingrasso
polla *f* cebada

**701. Matjeshering** *m*
pickled herring
hareng *m* mariné
aringa *f* marinata
arenque *m* en escabeche

**702. Maultier** *n*
mule
mulet *m (genre âne)*
mulo *m*
mulo *m*

**703. Meer** *n*
sea
mer *f*
mare *m*
mar *m*

**704. Meeraal** *m*
conger (eel) *(fish)*
congre *m (poisson)*
grongo *m*, congro *m (pesce)*
congrio *m (pez)*

**705. Meeräsche** *f*
mullet *(fish)*
mulet *m (poisson)*
muggine *m (pesce)*
mújol *m (pez)*

**706. Meeresfrüchte** *fpl*
seafood
fruits *mpl* de mer
frutti *mpl* di mare
mariscos *mpl*

**707. Meereskrebs** *m*
crab
crabe *m*, tourteau *m*
granciporro *m*, granchio *m* (paguro)
buey *m* de mar

**708. Meerkohl** *m*
sea kale
crambe *m*, chou *m* marin
cavolo *m* marino
berza *f* marina

**709. Meermandel** *f*
scallop
pétoncle *f*
pettine *m* di mare
pechina *f*

**710. Meerrettich** *m*
horseradish

raifort *m*
barbaforte *m*, cren *m*
rábano *m* rusticano, rábano *m* picante

**711. Mehl** *n*
flour
farine *f*
farina *f*
harina *f*

**712. mehlig**
floury, mealy
farineux
farinoso
harinoso

**713. Mehrwertsteuer** *f (MwSt.)*
value added tax, VAT
taxe *f* à la valeur ajoutée, TVA
imposta *f* sul valore aggiunto, IVA
impuesto *m* sobre el valor añadido, IVA

**714. Melanzane** *f(pl) (Aut)*
*(BE)* aubergine, *(AE)* eggplant
aubergine *f*
melanzana *f*
berenjena *f*

**715. Melde** *f*
orache
arroche *f* (épinard)
atreplice *f*
armuelle *m*

**716. Melone** *f*
melon
melon *m*
melone *m*
melón *m*

**717. Menge** *f*
quantity
quantité *f*
quantità *f*
cantidad *f*

**718. Meringe** *f*
meringue
meringue *f*
meringa *f*
merengue *m*

**719. messen** *v*
measure
mesurer
misurare
medir

**720. Messer** *n*
knife
couteau *m*
coltello *m*
cuchillo *m*

**721. Messerscheide** *f (Muschel)*
razor-clam
couteau *m (coquillage)*
cappalunga *f (mollusco)*
muergo *m*; longueirón *m (en Galicia)*

**722. Miesmuscheln** *fpl*
mussels
moules *fpl*
mitili *mpl*, cozze *fpl*
mejillones *mpl*

**723. Milch** *f*
milk
lait *m*
latte *m*
leche *f*

**724. Milchkaffee** *m*
milky coffee
café *m* au lait
caffel(l)atte *m*
café *m* con leche

**725. Milchlamm** *n*
very young lamb
agneau *m* de lait
agnello *m* da latte
cordero *m* lechal

**726. Milchprodukt** *n*
dairy product, milk product
produit *m* laitier, laitage *m*
latticino *m*
producto *m* lácteo

**727. Milchpulver** *n*
milk powder
lait *m* en poudre
latte *m* in polvere
leche *f* en polvo

**728. Milchreis** *m*
rice pudding
riz *m* au lait
riso *m* al latte
arroz *m* con leche

**729. mild**
1. mild *(seasoning)*; 2. mellow *(wine)*
doux *(assaisonnement, vin)*

delicato, dolce
dulce *(aderezo)*

**730. Milz** *f*
spleen
rate *f*
milza *f*
bazo *m*

**731. Minze** *f*
mint
menthe *f (plante)*
menta *f*
hierbabuena *f*, menta *f*

**732. Mirabelle** *f*
mirabelle
mirabelle *f*
mirabella *f*
ciruela *f* mirabel, ciruela *f* amarilla

**733. mischen** *v*
mix, blend
mélanger, mêler
mescolare, mischiare
mezclar

**734. Mischgemüse** *n*
mixed vegetables
macédoine *f* (de légumes)
verdura *f* mista
menestra *f* de verdura

**735. Mispel** *f*
medlar
nèfle *f*
nespola *f*
níspero *m*

**736. Mittagessen** *n*
lunch
déjeuner *m*
pranzo *m*
almuerzo *m*

**737. Mohn** *m*
poppy
pavot *m*
papavero *m*
adormidera *f*

**738. Möhre** *f*, **Mohrrübe** *f*
carrot
carotte *f*
carota *f*
zanahoria *f*

**739. Molke** *f*
whey
petit lait *m*
siero *m* di latte
suero *m* de leche

**740. Morchel** *f*
morel
morille *f*
morchella *f*, spugnola *f*
colmenilla *f*, morilla *f*

**741. Muffelwild** *n*, **Mufflon** *n*
mouf(f)lon
mouflon *m*
muflone *m*
muflón *m*

**742. Mund** *m*
mouth
bouche *f*
bocca *f*
boca *f*

**743. Mund/einen ~ voll**
a mouthful
une bouchée
un boccone
un bocado

**744. mürb**
tender, soft
tendre, moelleux, mou
molle, tenero
blando, muelle

**745. Mürbeteig** *m*
short crust pastry
pâte *f* brisée, pâte *f* sablée
pasta *f* frolla
masa *f* quebrada

**746. Muskatnuss** *f*
nutmeg
noix *f* de muscade
noce *f* moscata
nuez *f* moscada

# N

**747. Nachgeschmack** *m*
aftertaste
arrière-goût *m*
retrogusto *m*
resabio *m*, gustillo *m*

**748. Nachspeise** *f*, **Nachtisch** *m*
dessert
dessert *m*
dessert *m*, dolce *m*
postre *m*

**749. Nahrungsmittelunverträglichkeit** *f*
food intolerance
intolérance *f* alimentaire
intolleranza *f* alimentare
intolerancia *f* alimenticia

**750. natürlich**
natural
naturel
naturale
natural

**751. Nektarine** *f*
nectarine
brugnon *m*
pesca *f* noce
nectarina *f*

**752. Nelke** *f*
clove
clou *m* de girofle
chiodo *m* di garofano
clavillo *m*, clavito *m*, clavo *m* (de olor)

**753. Nichtraucherbereich** *m*
non-smoking area
espace *m* non-fumeurs
zona *f* non fumatori
espacio *m* para no fumadores

**754. Niere** *f*
kidney
rognon *m*
rognone *m*
riñón *m*

**755. Nockerl** *n (Aut, Bay)*
(small) dumpling
(petite) boulette *f*
gnocchetto *m*
(pequeña) albóndiga *f*, albondiguilla *f*

**756. notieren** *v*
write down
noter
prendere nota, annotare
anotar, apuntar

**757. nötig, notwendig**
necessary
nécessaire
necessario
necesario

**758. Nudel** *f*
noodle
nouille *f (en gén.)*
pasta *f*
pasta *f*, tallarín *m*

**759. Nuss** *f*
nut
noix *f*
noce *f*
nuez *f*

**760. Nussknacker** *m*
nutcracker
casse-noix *m*
schiaccianoci *m*
cascanueces *m*

**761. Nüsslisalat** *m (CH)*
lamb's lettuce, field lettuce
doucette *f*, mâche *f*, salade *f* de blé
cicorino *m*
milamores *f*, hierba *f* de los canónigos

# O

**762. obergärig** *(Bier)*
top-fermented *(beer)*
de fermentation haute *(bière)*
ad alta fermentazione
de fermentación alta

**763. Oberkellner** *m*
head waiter
chef *m* de rang
capocameriere *m*
jefe *m* de comedor

**764. Obers** *n (Aut)*
cream
crème *f (lait)*
panna *f*
crema *f*, nata *f*

**765. Oberskren** *m (Aut)*
creamed horseradish
raifort *m* à la crème
barbaforte *m* alla panna
rábano *m* rusticano a la crema, rábano *m* picante a la crema

**766. Obst** *n*
fruit
fruits *mpl*
frutta *f*
frutas *fpl*

**767. Obstsalat** *m*
fruit salad
salade *f* de fruits, macédoine *f* de fruits
macedonia *f* di frutta
ensalada *f* de frutas, macedonia *f* de frutas

**768. Ochsengaumen** *m*, **Ochsenmaul** *n*
ox-cheek
palais *m* de bœuf, museau *m* de bœuf
musello *m* di bue
morro *m* de vaca, morro *m* de buey

**769. Ochsenschlepp** *m (Aut)*, **Ochsenschwanz** *m*
oxtail
queue *f* de bœuf
coda *f* di bue
rabo *m* de buey

**770. Öffnungszeiten** *fpl*
opening times
heures *fpl* d'ouverture
orari *mpl* d'apertura
horas *fpl* de apertura

**771. Ohr** *n*
ear
oreille *f*
orecchio *m*
oreja *f*

**772. ökologisch**
ecological
écologique
ecologico
ecológico

**773. Öl** *n*
oil
huile *f*
olio *m*
aceite *m*

**774. ölig**
oily
huileux
oleoso
aceitoso

**775. Olive** *f*
olive
olive *f*
oliva *f*
aceituna *f*, oliva *f*

**776. Omelett** *n*, **Omelette** *f*
omelette
omelette *f*
omelette *f*; frittata *f*
tortilla *f* francesa

**777. Orange** *f*
orange
orange *f*
arancia *f*
naranja *f*

**778. Orangeat** *n*
candied orange peel
orangeat *m*
scorza *f* d'arancia candita
cáscara *f* de naranja confitada

**779. Oregano** *m*
marjoram, oregano
origan *m*
origano *m*
orégano *m*

# P

**780. Paar** *n*
pair
paire *f*
paio *m*
par *m*

**781. Palmenherz** *n*
heart of palm
cœur *m* de palmier
cuore *m* di palma
corazón *m* de palmera; palmito *m*

**782. Pampelmuse** *f*
grapefruit
pamplemousse *f*, pomélo *m*
pompelmo *m*
pomelo *m*

**783. panieren** *v*
bread
paner
impanare, panare
empanar

**784. Paniermehl** *n*
breadcrumbs

chapelure *f*
farina *f* per impanare; pangrattato *m*
pan *m* rallado

**785. Pansen** *m*
rumen
panse *f*, gras-double *m*
rumine *f*
callos *mpl*, panza *f*

**786. Paprika** *m*
pepper
paprika *m (condiment)*
paprica *f*
pimentón *m*

**787. Paprikaschote** *f*
pepper
poivron *m*
peperone *m*
pimiento *m* morrón

**788. Paradeis(er)** *m (Aut)*
tomato
tomate *f*
pomodoro *m*
tomate *m*

**789. Pasternak** *m*, **Pastinake** *f*
parsnip
panais *m*
pastinaca *f*
pastinaca *f*, chirivía *f*

**790. Pastete** *f*
pâté *(cold)*; potted meat
pâté *m (froid)*; terrine f *(de viande, etc.)*; vol-au-vent *m (parfois pour ‚Bouchée à la reine', ‚Königinpastete')*
pâté *m*, pasticcio *m*, vol-au-vent *m*
paté *m*; empanada *f*

**791. pasteurisieren** *v*
pasteurize
pasteuriser
pastorizzare
pastorizar

**792. pauschal**
lump *(sum)*
forfaitaire
forfet(t)ario
total, global

**793. Pauschalpreis** *m*
all-inclusive price
prix *m* forfaitaire
prezzo *m* forfet(t)ario
precio *m* global

**794. Pellkartoffeln** *fpl*
potatoes boiled in their skin
pommes *fpl* de terre en robe des champs
patate *fpl* lessate con la buccia
patatas *fpl* hervidas con su piel

**795. Pepino** *f*
pear melon, sweet cucumber
poire *f* melon
melone *m* pepino
pepino *m* dulce

**796. Pergamentpapier** *n*
greaseproof paper
papier *m* parcheminé
carta *f* pergamena
papel *m* pergamino

**797. Perlhuhn** *n*
guinea fowl
pintade *f*
faraona *f*
pintada *f*

**798. Perlzwiebel** *f*
pearl onion, cocktail onion
petit oignon *m* blanc
aglio *m* romano, aglio *m* di Spagna
cebollita *f* perla

**799. Petersfisch** *m*
john dory *(fish)*
Saint-Pierre *m (poisson)*
pesce *m* San Pietro
pez *m* de San Pedro

**800. Petersilie** *f*
parsley
persil *m*
prezzemolo *m*
perejil *m*

**801. Pfanne** *f*
pan
poêle *f*
padella *f*
sartén *f*

**802. Pfanne/eine ~ voll**
a panful
une poêlée
una padellata
una sartenada

**803. Pfannkuchen** *m*
pancake

crêpe *f*
crespella *f*, crêpe *f*
crepe *f*

**804. Pfeffer** *m*
pepper
poivre *m*
pepe *m*
pimienta *f*

**805. Pfefferminze** *f*
peppermint
menthe *f (plante)*
menta *f* piperita
hierbabuena *f*, menta *f*

**806. Pfefferminztee** *m*
(pepper)mint tea
menthe *f (infusion)*
infuso *m* di mentuccia, mentuccia *f*
infusión *f* de menta

**807. Pfeffermühle** *f*
pepper mill
moulin *m* à poivre
macinino *m* per il pepe, macinapepe *m*
molinillo *m* de pimienta

**808. pfeffern** *v*
pepper
poivrer
pepare
echar pimienta

**809. Pfefferschote** *f*
chil(l)i
piment *m*
peperone *m*
pimiento *m*

**810. Pfefferstreuer** *m*
*(BE)* pepper pot, *(AE)* pepper shaker
poivrier *m*
pepiera *f*
pimentero *m*

**811. Pfifferling** *m*
chanterelle
chanterelle *f*, girolle *f*
cantarello *m*, gallinaccio *m*
rebozuelo *m*, cantarela *f*

**812. Pfirsich** *m*
peach
pêche *f*
pesca *f*
melocotón *m*

**813. pflanzlich**
vegetable
végétal
vegetale
vegetal

**814. Pflaume** *f*
plum
prune *f*
prugna *f*, susina *f*
ciruela *f*

**815. pflücken** *v*
pick, pluck
cueillir
cogliere
cosechar, recoger

**816. Pfund** *n*
pound
livre *f*
mezzo chilo *m*
libra *f*, medio kilo *m*

**817. Physalis** *f*, **Physaliskirsche** *f*
Cape gooseberry
alkékenge *f*, physalis *f*
alkekengi *f*
physalis *m*, alquequenje *m*

**818. pikant**
spicy
piquant, corsé, relevé, épicé
forte, piccante
fuerte, picante

**819. Pilz** *m*
mushroom
champignon *m*
fungo *m*
hongo *m*, seta *f*

**820. Pinienkerne** *mpl*
pine nuts
pignons *mpl* (de pin)
pinoli *mpl*
piñones *mpl*

**821. Pistazie** *f*
pistachio
pistache *f*
pistacchio *m*
alfóncigo *m*, pistacho *m*

**822. Platte** *f*
dish
plat *m (mets, préparation)*; plateau *m*
*(p.ex. de fromages, mais aussi: planche*

*pour servir)*; plaque *f (p.ex. de cuisinière électrique)*
piatto *m* di portata; piastra *f*
plato *m*; placa *f*; plancha *f*

**823. Plätzchen** *n*
biscuit
*petite pâtisserie sèche*; gâteau *m* sec
biscotto *m*; pasticcino *m*
galleta *f* seca

**824. Plötze** *f (Fisch)*
roach *(fish)*
gardon *m (poisson)*
leucisco *m* (rosso) *(pesce)*
gobio *m (pez)*

**825. pochieren** *v*
poach
pocher
affogare
escalfar, pochar

**826. Pökelfleisch** *n*
salted meat, pickled meat
demi-sel *m*; salaison *f*
carne *f* salmistrata
carne *f* en salmuera, salazones *fpl*

**827. pökeln** *v*
pickle, salt
saler, saumurer
salmistrare, mettere in salamoia
adobar, salar

**828. Pollack** *m (Fisch)*
pollack *(fish)*
lieu *m* jaune *(poisson)*
merluzzo *m* giallo *(pesce)*
abadejo *m*, carbonero *m (pez)*

**829. Pomeranze** *f*
Seville orange
orange *f* amère
arancia *f* amara
naranja *f* amarga

**830. Pommes** *pl*, **Pommes frites** *pl*
*(BE)* chips, *(AE)* fries
pommes *fpl* frites, frites *fpl*
patatine *fpl* fritte
patatas *fpl* fritas

**831. Porree** *m*
leek
poireau *m*
porro *m*
puerro *m*

**832. Portion** *f*
portion
portion *f*
porzione *f*
ración *f*

**833. portionieren** *v*
divide into portions
portionner
dividere in porzioni
racionar

**834. Portulak** *m*
common purslane
pourpier *m*
portulaca *f*
portulaca *f*, verdolaga *f*

**835. Porzellan** *n*
porcelain
porcelaine *f*
porcellana *f*
porcelana *f*

**836. Poularde** *f*
fat chicken
poularde *f*
pollastro *m* da ingrasso
polla *f* cebada, pularda *f*

**837. Powidl** *m (Aut)*
(thick) stewed plums
compote *f* de prunes
composta *f* di prugne
mermelada *f* de ciruelas

**838. Praline** *f*
chocolate, sweet, chocolate cream
bonbon *m* de chocolat, chocolat *m*, crotte *f* de chocolat
pralina *f*, cioccolatino *m*
bombón *m* (relleno de chocolate)

**839. Preis** *m*
price
prix *m*
prezzo *m*
precio *m*

**840. Preis/alles im ~ inbegriffen**
all included (in the price)
tout compris
tutto compreso
todo está incluido en el precio

**841. Preiselbeere** *f*
cranberry
airelle *f*

mirtillo *m* rosso
arándano *m* rojo

**842. preiswert**
good value, cheap, reasonable
bon marché
a buon mercato, conveniente
barato, económico

**843. pressen** *v*
press
presser
premere; spremere
apretar

**844. Prise** *f*
pinch
pincée *f*
pizzico *m*, presa *f*
pizca *f*

**845. Probiermenü** *n*
tasting menu
menu *m* dégustation
menu *m* degustazione
menú *m* (de) degustación

**846. Pudding** *m*
pudding
flan *m*, crème *f* renversée
budino *m*
budín *m*, pudín *m*, flan *m*

**847. Puderzucker** *m*
icing sugar
sucre *m* glace
zucchero *m* a velo
azúcar *m* en polvo, azúcar *m* glas

**848. Pulver** *n*
powder
poudre *f*
polvere *f*
polvo *m*

**849. Punschring** *m*
savarin
savarin *m*
savarin *m*
savarín *m* al ron

**850. Püree** *n*
puree, mash
purée *f*, bouillie *f*
purè *m*, purea *f*, passato *m*
papilla *f*, puré *m*

**851. pürieren** *v*
puree, mash
mettre en purée, réduire en purée
fare una purea
hacer puré

**852. Pute** *f*
turkey (hen)
dinde *f*
tacchino *m*
pava *f*, pavo *m*

**853. putzen** *v*
clean
nettoyer
pulire
pelar; mondar; limpiar

# Q

**854. Qualität** *f*
quality
qualité *f*
qualità *f*
calidad *f*

**855. Quark** *m*
quark, curd cheese
fromage *m* blanc
quark *m*
requesón *m*

**856. Queller** *m*
glasswort
salicorne *f*
salicornia *f*
barrilla *f*, salicor *m*

**857. Quendel** *m*
wild thyme
serpolet *m*, thym *m* sauvage
timo *m* selvatico
serpol *m*, samarilla *f*

**858. Quitte** *f*
quince
coing *m*
mela *f* cotogna, cotogna *f*
membrillo *m*

# R

**859. Radieschen** *n*
radish
petit radis *m*
ravanello *m*
rabanito *m*

**860. Raffinade** *f*
refined sugar
sucre *m* raffiné
zucchero *m* raffinato, semolato
azúcar *m* refinado

**861. Ragout** *n*
ragout
ragoût *m*
*spezzatino a base di carne o di pesce*
guisado *m*, ragú *m*

**862. Rahm** *m*
cream
crème *f*
panna *f*
crema *f*, nata *f*

**863. Rand** *m*
edge
bord *m*
bordo *m*
borde *m*

**864. ranzig**
rancid
rance
rancido
rancio

**865. Raps** *m*
rape
colza *m*
colza *f*
colza *f*

**866. raspeln** *v*
grate
râper
grattugiare
rallar

**867. Rauch** *m*
smoke
fumée *f*
fumo *m*
humo *m*

**868. rauchen** *v*
smoke
fumer
fumare
fumar

**869. Raucherbereich** *m*
smoking area, smoking zone
espace *m* fumeurs
zona *f* fumatori
espacio *m* para fumadores, zona *f* para fumadores

**870. Räucherfisch** *m*
smoked fish
poisson *m* fumé
pesce *m* affumicato
pescado *m* ahumado

**871. räuchern** *v*
smoke
fumer, saurer *(viande, poisson, etc.)*
affumicare
ahumar

**872. Räucherschinken** *m*
smoked ham
jambon *m* fumé
prosciutto *m* affumicato
jamón *m* ahumado

**873. Räucherspeck** *m*
smoked bacon
lard *m* fumé
pancetta *f* affumicata
tocino *m* ahumado

**874. Räuchertofu** *m*
smoked tofu
tofu *m* fumé
tofu *m* affumicato
tofu *m* ahumado

**875. Rauchmelder** *m*
smoke detector
détecteur *m* de fumée
rilevatore *m* di fumo
detector *m* de humo(s)

**876. Rauke** *f*
arugula, rucola, rocket
roquette *f*
rucola *f*
rúcola *f*

**877. Raum** *m*
room
salle *f*, pièce *f*

locale *m*
sala *f*, pieza *f*

**878. Raumtemperatur** *f*
room temperature
température *f* ambiante
temperatura *f* ambiente
temperatura *f* ambiente

**879. Rebhuhn** *n*
partridge
perdrix *f*
starna *f*, pernice *f* grigia
perdiz *f*

**880. Rebsorte** *f*
type of grape
cépage *m*
varietà *f* di vite
cepa *f*

**881. Rechnung** *f*
bill, invoice, account
1. facture *f (en gén.)*; 2. addition *f (restaurant)*
1. fattura *f (in gen.)*; 2. conto *m (ristorante)*
1. factura *f (en gen.)*; 2. cuenta *f*; nota *f (restaurante)*

**882. Regenbogenforelle** *f*
rainbow trout
truite *f* arc-en-ciel
trota *f* iridea
trucha *f* arco iris

**883. Reh** *n*
deer, venison
chevreuil *m*
capriolo *m*
corzo *m*

**884. Rehfleisch** *n*
venison
chevreuil *m*
carne *f* di capriolo, capriolo *m*
carne *f* de corzo

**885. reif**
ripe; mature *(wine)*
mûr
maturo
maduro

**886. Reife** *f*
ripeness *(fruit)*, maturity *(wine)*
maturité *f*
maturità *f*
madurez *f*

**887. rein**
pure
pur
puro
puro

**888. Reineclaude** *f*
greengage
reine-claude *f*
reine-claude *f*, prugna *f* regina Claudia
ciruela *f* (Reina) Claudia

**889. reinigen** *v*
clean
nettoyer
pulire
limpiar

**890. Reinigung** *f*
cleaning
nettoyage *m*
pulitura *f*
limpiado *m*, limpieza *f*

**891. Reis** *m*
rice
riz *m*
riso *m*
arroz *m*

**892. Reisbrei** *m*
rice pudding
riz *m* au lait
riso *m* al latte
arroz *m* con leche

**893. Renke** *f*
*freshwater whitefish from the alpine lakes*
*poisson de la famille des corégones, des lacs alpins*
coregone *m (pesce dei laghi alpini)*
corégono *m (pez de los lagos alpinos)*

**894. reservieren** *v*
reserve, book a table
réserver, retenir une table
riservare, prenotare
reservar

**895. Reservierung** *f*
reservation
réservation *f*
prenotazione *f*
reserva *f*

**896. Rettich** *m*
radish
radis *m*

rafano *m*
rábano *m*

897. **Rezept** *n*
recipe
recette *f*
ricetta *f*
receta *f*

898. **Rhabarber** *m*
rhubarb
rhubarbe *f*
rabarbaro *m*
ruibarbo *m*

899. **Ribisel** *n (Aut)*
redcurrant
groseille *f* (rouge)
ribes *m* (comune)
grosella *f* negra

900. **riechen** *v*
smell
sentir *(odeur)*
sentire l'odore
oler (a)

901. **Riegel** *m*
bar *(chocolate)*
barre *f (chocolat)*
barretta *f*
barra *f (chocolate)*

902. **Riesengarnele** *f*
red shrimp
crevette *f* géante, gambon *m* rouge
gamberone *m*
camarón *m*

903. **Rind** *m*
cow
bœuf *m*
manzo *m*
buey *m*

904. **Rinde** *f*
crust
croûte *f (pain, fromage)*
crosta *f*
costra *f*, corteza *f*

905. **Rinderbraten** *m*
roast beef
rôti *m* de bœuf
arrosto *m* di manzo
asado *m* de buey

906. **Rinderlende** *f*
sirloin, beef tenderloin
filet *m* de bœuf
lombata *f* di manzo
filete *m* de vaca

907. **Rinderschmorbraten** *m*
braised beef
bœuf *m* braisé
stufato *m* di manzo
estofado *m* de buey

908. **Rindfleisch** *n*
beef
bœuf *m*
carne *f* di manzo
carne *f* de vaca

909. **Ring** *m*
ring
anneau *m*
anello *m*
anillo *m*

910. **Ring/im**
ring-shaped
courbe *(saucisse)*
a forma d'anello *(salsiccia)*
curvo *(salchicha)*

911. **Ringeltaube** *f*
wood pigeon
pigeon *m* ramier, ramier *m*
colombaccio *m*
paloma *f* silvestre

912. **Ringlotte** *f (Aut)*
greengage
reine-claude *f*
reine-claude *f*, prugna *f* regina Claudia
ciruela *f* (Reina) Claudia

913. **Rippe** *f*
chop, cutlet
côte *f*, côtelette *f*
costoletta *f*
chuleta *f*, costilla *f*

914. **Rochen** *m*
(sting)ray *(fish)*
raie *f (poisson)*
razza *f (pesce)*
raya *f (pez)*

915. **Rochenflosse** *f*
ray's fin
aile *f* de raie
ala *f* di razza
aleta *f* de raya

**916. Rogen** *m*
roe
œufs *mpl* de poisson
uova *fpl* di pesce
huevas *mpl* de pez

**917. Roggen** *m*
rye
seigle *m*
segala *f*
centeno *m*

**918. roh**
raw
cru
crudo
crudo

**919. Rohkost** *f*
raw fruit and vegetables
crudités *fpl*
verdure *fpl* crude miste
verduras *fpl* crudas, crudité *f*

**920. Röhrlsalat** *m (Aut)*
dandelion salad
salade *f* de pissenlit
insalata *f* di denti di leone
ensalada *f* de cardillo, ensalada *f* de diente de león

**921. Rohrzucker** *m*
cane sugar
sucre *m* de canne
zucchero *m* di canna
azúcar *m* de caña

**922. Rohschinken** *m*
raw ham *(salted and smoked)*
jambon *m* cru *(salé et fumé)*
prosciutto *m* crudo *(salato e affumicato)*
jamón *m* crudo *(salado y ahumado)*

**923. Rohwurst** *f*
raw sausage
saucisson *m* cru
salsiccia *f* cruda
salchichón *m* crudo

**924. Rokambole** *f*
rocambole, shallot
rocambole *f*, ail *m* d'Espagne
aglio *m* romano, aglio *m* rocambola
rocambola *f*; cebollita *f* perla

**925. Rollbraten** *m*
*roast of beef or pork, rolled and boned*
rôti *m* ficelé
rolata *f*, rollè *m*
asado *m* enrollado

**926. Rolle** *f*
roll
rouleau *m*
rullo *m*
rodillo *m*, rollo *m*

**927. rollen** *v*
roll
rouler
stendere, spianare
rodar

**928. Rosenkohl** *m*
Brussels sprouts
chou *m* de Bruxelles
cavolino *m* di Bruxelles
col *f* de Bruselas

**929. Rosine** *f*
sultana
raisin *m* sec (marron)
uva *f* sultanina
uva *f* pasa *(de color marrón)*

**930. Rosmarin** *m*
rosemary
romarin *m*
rosmarino *m*
romero *m*

**931. rösten** *v*
roast, grill
rissoler, roussir; griller
arrostire; tostare; grigliare
chamuscar, asar, tostar

**932. rot**
red
rouge
rosso
rojo, colorado

**933. Rotbarbe** *f*
red mullet *(fish)*
rouget *m (poisson)*
triglia *f* di fango *(pesce)*
salmonete *m (pez)*

**934. Rotbarsch** *m*
rose fish, red fish, ocean perch *(fish)*
sébaste *m*, rascasse *f* du nord *(poisson)*
scorfano *m* atlantico *(pesce)*
gallineta *f*, rescaza *f* del norte *(pez)*

**935. Rotbrassen** *m*
red sea bream *(fish)*

pagre *m (poisson)*
pagello *m* fragolino *(pesce)*
pagro *m (poz)*

**936. Rote Bete** *f*, **Rote Rübe** *f*
*(BE)* beetroot, *(AE)* beet
betterave *f* rouge
barbabietola *f*
remolacha *f*

**937. Rotkohl** *m*
red cabbage
chou *m* rouge
cavolo *m* rosso
col *f* lombarda, col *f* roja

**938. Roulade** *f*
roulade; (beef) olive, pork olive, veal olive
paupiette *f*, oiseau *m* sans tête
involtino *m*, uccellino *m* scappato
rollo *m*, pulpeta *f*

**939. Rübe** *f*
beet, turnip
rave *f*, betterave *f*
rapa *f*
naba *f*, remolacha *f*

**940. Rücken** *m*
1. back; 2. chine *(beef)*; saddle *(mutton)*; haunch *(venison)*
dos *m*
schiena *f*
espalda *f*, lomo *m*

**941. Rückenspeck** *m*
rasher of bacon from the loin
bardière *f*; barde *f*
*1. fetta sottile di pancetta (per lardellare); 2. pezzo intero di pancetta*
albardilla *f*

**942. Ruebkohl** *m (CH)*
kohlrabi
*petit chou rave blanc*
piccolo cavolo *m* rapa
*variedad de colinabo o colirrábano*

**943. Ruebli** *n (CH)*
carrot
carotte *f*
carota *f*
zanahoria *f*

**944. Ruhetag** *m*
closing day
fermeture *f* hebdomadaire
giorno *m* di riposo
cierre *m* semanal

**945. Rührei** *n*
scrambled eggs
œufs *mpl* brouillés
uova *fpl* strapazzate
huevos *mpl* revueltos

**946. rühren** *v*
stir
remuer, brasser, tourner
rimestare, mescolare, girare
revolver

**947. Rum** *m*
rum
rhum *m*
rum *m*
ron *m*

**948. rund**
round
rond
rotondo
redondo

# S

**949. Safran** *m*
saffron
safran *m*
zafferano *m*
azafrán *m*

**950. Saft** *m*
juice
jus *m*
succo *m*
jugo *m*, zumo *m*

**951. saftig**
juicy
juteux
succoso, sugoso
jugoso

**952. Sago** *m*
sago
tapioca *m*
tapioca *f*
tapioca *f*

**953. Sahne** *f*
cream

crème *f*
panna *f*
crema *f*, nata *f*

**954. Sahnetorte** *f*
cream tart
tarte *f* à la crème
torta *f* alla panna
tarta *f* de crema

**955. sahnig**
creamy
crémeux
cremoso
cremoso

**956. Saibling** *m (Fisch)*
char *(fish)*
omble *m* chevalier *(poisson)*
salmerino *m (pesce)*
farra *f (pez)*

**957. Salat** *m*
salad; lettuce
salade *f*
insalata *f*
ensalada *f*

**958. Salatbüffet** *n*
salad buffet
buffet *m* (de) salades
buffet *m* delle insalate
bufé *m* de ensaladas, buffet *m* de ensaladas

**959. Salatschüssel** *f*
salad bowl
saladier *m*
insalatiera *f*
ensaladera *f*

**960. Salatsoße** *f*
salad sauce
sauce *f* de salade *(en gén.)*
salsa *f* per insalata
salsa *f* para ensalada

**961. Salbei** *m*
sage
sauge *f*
salvia *f*
salvia *f*

**962. Salm** *m*
salmon
saumon *m*
salmone *m*
salmón *m*

**963. Salz** *n*
salt
sel *m*
sale *m*
sal *f*

**964. salzen** *v*
salt
saler
salare
salar

**965. Salzkartoffeln** *fpl*
boiled potatoes
pommes *fpl* de terre à l'eau, pommes *fpl* de terre à l'anglaise
patate *fpl* bollite, patate *fpl* lesse
patatas *fpl* hervidas, patatas *fpl* salcochadas

**966. salzlos**
without salt
sans sel
senza sale
sin sal

**967. Salzstreuer** *m*
salt cellar
salière *f*
saliera *f*, spargisale *m*
salero *m*

**968. sämig**
thick, creamy
onctueux
denso, cremoso
untuoso

**969. samtig**
velvety
velouté
vellutato
suave

**970. Sanddorn** *m*
sea buckthorn
argousier *m*
olivello *m* spinoso
espino *m* falso, espino *m* amarillo

**971. Sandkuchen** *m*
plain cake, Madeira cake
*genre de cake ou quatre-quarts*
pan *m* di Spagna
*variedad de bizcocho*

**972. Sardelle** *f*
anchovy

anchois *m*
acciuga *f*, alice *f*
anchoa *f*; boquerón *m*

**973. Sardine** *f*
sardine, pilchard
sardine *f*
sardina *f*
sardina *f*

**974. Sattel** *m*
saddle *(veal, mutton)*
selle *f (veau, agneau)*
sella *f (vitello, agnello)*
faldilla *f*, cuarto *m* trasero *(ternera, cordero)*

**975. sauber**
clean
propre
pulito
limpio

**976. Saubohne** *f*
broad bean
fève *f*
fava *f*
haba *f*

**977. sauer**
sour, acid
acide, aigre
acido, agro
ácido, agrio

**978. sauer werden** *v*
go sour
aigrir, tourner
inacidirsi
agriarse; cuajarse *(leche)*

**979. Sauerampfer** *m*
sorrel
oseille *f*
acetosa *f*
acedera *f*

**980. Sauerkirsche** *f*
sour cherry
griotte *f*
visciola *f*, amarena *f*
guinda *f*

**981. Sauerkraut** *n*
pickled cabbage, sauerkraut
choucroute *f*
crauti *mpl*
chucrut *m*

**982. säuerlich**
sour, acidic
acidulé
acidulo, asprigno
acidulado

**983. Sauermilch** *f*
sour milk
lait *m* tourné
latte *m* acido, latte *m* rappreso
leche *f* agria

**984. schaben** *v*
scrape
gratter, racler
grattugiare, raschiare
raer, rascar, raspar

**985. schädlich**
harmful
nocif
dannoso, nocivo
nocivo

**986. Schaf** *n*
sheep
brebis *f*
pecora *f*
oveja *f*

**987. Schale** *f*
1. bowl, dish; 2. peel *(fruit, vegetables)*; zest *(citrus fruits)*; skin *(almond, tomatoes)*; shell *(eggs)*
1. coupe *f*, jatte *f*, bol *m*; 2. peau *f*, pelure *f* *(fruits)*; zeste *m (agrumes)*; 3. coquille *f (œufs)*; carapace *f (crustacés)*
1. scodella *f*, ciotola *f*; 2. buccia *f (frutti)*; scorza *f (limone, arancia)*; 3. guscio *m (uova, mandorle, granchi)*
1. bandeja *f*, copa *f*, cuenco *m*, tazón *m*; 2. cáscara *f*; mondaduras *fpl*, piel *f (agrios)*; 3. caparazón *m (crustáceos)*

**988. schälen** *v*
1. peel *(fruit, vegetables, eggs)*; 2. skin *(almond, tomato)*; 3. shell *(eggs)*
1. peler, éplucher *(fruits en gén., légumes)*; 2. monder *(amandes)*; 3. écailler *(œufs, noix)*; 4. zester *(agrumes)*
1. sbucciare, pelare *(frutti)*; 2. sgusciare *(uova)*; 3. mondare *(cereali)*
1. mondar, pelar *(legumbres y frutas en gen., agrios)*; 2. limpiar *(almendras)*; 3. quitar la cáscara *(huevos, nueces)*

**989. Schalentier** *n*
shellfish
coquillage *m (en gén.)*
mollusco *m* conchifero
molusco *m*

**990. Schalotte** *f*, **Schalottenzwiebel** *f*
shallot
échalote *f*
scalogno *m*
chalote *m*

**991. scharf**
1. hot, spicy; 2. sharp *(knife)*
1. piquant, fort, épicé, relevé; 2. aiguisé, tranchant *(couteau)*
1. forte, piccante; 2. affilato, tagliente *(coltello)*
1. fuerte, picante; 2. afilado, cortante *(cuchillo)*

**992. schätzen** *v*
estimate, guess; appreciate
estimer, apprécier
apprezzare; valutare
apreciar; estimar

**993. Schaum** *m*
foam, froth, lather
écume *f*, mousse *f*
schiuma *f*, spuma *f*
espuma *f*, mousse *m*

**994. schäumen** *v*
foam, froth, lather
mousser
fare schiuma, spumeggiare
espumar

**995. Schaumwein** *m*
sparkling wine
vin *m* effervescent
spumante *m*
vino *m* espumoso

**996. Scheibchen** *n*
small slice
lamelle *f*
fettina *f*
laminilla *f*

**997. Scheibchen** *n*/**rundes**
round slice
rondelle *f*
fettina *f* rotonda
rodaja *f*

**998. Scheibe** *f*
slice
tranche *f*
fetta *f*
1. raja *f (en gen.)*; 2. rebanada *f (pan)*; 3. loncha *f*, lonja *f (jamón)*; 4. tajada *f (carne)*

**999. Scheiben/in ~ schneiden** *v*
cut into slices
découper, couper en tranches
affettare, tagliare a fette
cortar en tiritas

**1000. Schellfisch** *m*
haddock *(fish)*
aiglefin *m (poisson)*
asinello *m*, eglefino *m (pesce)*
eglefino *m*, abadejo *m (pez)*

**1001. Schenkel** *m*
leg *(beef, poultry, mutton, lamb etc.)*
cuisse *f (bœuf, volaille)*; cuisseau *m (veau)*; gigot *m (agneau, mouton)*; cuissot *m (gibier)*
coscia *f (di bue, di volatile)*; cosciotto *m (di vitello, di montone, d'agnello, di selvaggina grossa)*
pierna *f*; pata *f (ave)*; pernil *m (de caza mayor)*; muslo *m*

**1002. Schicht** *f*
layer
couche *f*
strato *m*
capa *f*

**1003. Schiffchen** *n*
*pastry, small tarts, canapés and slices of fruit shaped like a small boat*
barquette *f*
barchetta *f*
1. barquilla *f*, barquita *f (pastel en forma de barco)*; 2. gajo *m (naranja, limón)*; 3. tajada *f (melón, sandía)*

**1004. Schimmel** *m*
mould
moisissure *f*
muffa *f*
moho *m*

**1005. Schimmelkäse** *m*
blue cheese
fromage *m* bleu, bleu *m*
formaggio *m* erborinato
*queso azul en general*

**1006. schimmeln** *v*
go mouldy
moisir
ammuffire
enmohecer

**1007. Schinken** *m*
ham
jambon *m*
prosciutto *m*
jamón *m*

**1008. Schinkenspeck** *m*
bacon
*pointe de porc, salée et fumée*
pancetta *f* affumicata magra
*culata de cerdo, salada y ahumada*

**1009. schlachten** *v*
slaughter
abattre
macellare
matar

**1010. schlagen** *v*
hit, beat, strike
battre; fouetter
battere, sbattere; montare
batir *(crema)*; montar *(clara de huevo)*

**1011. Schlagobers** *n (Aut)*, **Schlagsahne** *f*
(whipped) cream
1. crème *f* fouettée *(neutre)*; 2. crème *f* Chantilly *(sucrée)*
panna *f* montata
1. crema *f* batida *(sin azúcar)*; 2. chantillí *m* *(con azúcar)*

**1012. schlecht**
bad
mauvais
cattivo; sgradevole *(sapore)*; andato a male
malo

**1013. schmackhaft**
tasty
qui a bon goût, savoureux
saporito, gustoso
sabroso, suculento

**1014. Schmalz** *n*
lard
saindoux *m*
strutto *m* di maiale
manteca *f* (de cerdo)

**1015. Schmand** *m*, **Schmant** *m*
sour cream
crème *f* fraîche (épaisse)
panna *f* acida *(reg.)*
nata *f* agria

**1016. schmecken** *v* **nach**
taste of
avoir le goût de
sapere di, avere sapore di, avere gusto di
saber a

**1017. schmelzen** *v*
melt
fondre
fondere, sciogliere; fondersi, sciogliersi
derretir(se), fundir(se)

**1018. Schmelzkäse** *m*
cheese spread, processed cheese
fromage *m* fondu
formaggio *m* fuso
queso *m* derretido

**1019. schmoren** *v*
braise, stew
braiser, dauber
stufare, brasare
estofar, cocer a fuego lento

**1020. Schnapper(fisch)** *m*
snapper
vivaneau *m*
lutiano *m*
pargo *m* colorado

**1021. Schnaps** *m*
schnapps, spirit
alcool *m* blanc, eau-de-vie *f*
acquavite *f*
aguardiente *m*

**1022. Schnecke** *f*
snail
escargot *m*
lumaca *f*
caracol *m*

**1023. Schneckenzange** *f*
snail tongs
pince *f* à escargots
pinza *f* per lumache
pinzas *fpl* para caracoles

**1024. Schneide** *f*
edge, blade
tranchant *m*, fil *m* *(couteau)*

filo *m* (di una lama), lama *f (coltello)*
corte *m*, filo *m (cuchillo)*

**1025. schneiden** *v*
cut
couper, trancher
tagliare
1. cortar *(en gen.)*; 2. trocear *(carne)*; 3. trinchar *(aves)*

**1026. Schnepfe** *f*
snipe, woodcock
bécasse *f*
beccaccia *f*
becada *f*; chocha *f (ave)*

**1027. schnetzeln** *v*
shred
émincer
tagliare a striscioline
cortar en lonchas

**1028. Schnittlauch** *m*
chives
ciboulette *f*
erba *f* cipollina
cebollino *m*

**1029. Schnitzel** *n*
cutlet, escalope
escalope *f*
scaloppina *f*
escalope *m*

**1030. Schokolade** *f*
chocolate
chocolat *m*
cioccolata *f*, cioccolato *m*
chocolate *m*

**1031. Scholle** *f*
plaice *(fish)*
plie *f*, carrelet *m (poisson)*
platessa *f (pesce)*
platija *f*, solla *f (pez)*

**1032. Schote** *f*
(pea) pod, husk
gousse *f*, cosse *f*
baccello *m*
vaina *f*

**1033. schräg**
sloping
de biais
di sbieco, obliquamente
oblicuamente, sesgadamente

**1034. Schrot** *m*
wholemeal
gruau *m*, grains *mpl* égrugés
granaglie *fpl* macinate grosse
trigo *m* triturado

**1035. Schulter** *f*
shoulder *(beef, pork)*
1. épaule *f (en gén.)*; 2. macreuse *f (bœuf)*; 3. palette *f (porc)*
spalla *f*
1. hombro *m (en gen.)*; 2. espalda *f (vaca)*; 3. espaldilla *f (cerdo)*

**1036. Schüssel** *f*
bowl, dish
saladier *m*, (grand) bol *m*; (grande) jatte *f*, écuelle *f*
scodella *f*; insalatiera *f*
copa *f*, cuenco *m*, fuente *f*, tazón *m*

**1037. Schwanz** *m*
tail
queue *f*
coda *f*
cola *f*, rabo *m*

**1038. Schwarte** *f*
rind
couenne *f*
cotenna *f*
corteza *f* de tocino

**1039. schwarz**
black
noir
nero
negro

**1040. Schwarzwurzel** *f*
(black) salsify
salsifis *m*
scorzonera *f*
salsifí *m*

**1041. Schwein** *n*
pig *(animal)*; pork *(meat)*
cochon *m*; porc *m (chair)*
maiale *m*
cerdo *m*, puerco *m*

**1042. Schweinebauch** *m*
belly of pork
poitrine *f* de porc
pancetta *f* di maiale
tocino *m* ventresco

**1043. Schweinefilet** *n*
fillet of pork, loin of pork
filet *m* mignon (de porc)
filetto *m* di maiale
filete *m* de cerdo

**1044. Schweinehachse** *f*
knuckle of pork
jarret *m* de porc
stinco *m* di maiale
pierna *f* de cerdo

**1045. Schweinerüssel** *m*
pig's snout
groin *m*
grugno *m* di maiale
hocico *m* de cerdo

**1046. Schweinsfuß** *m*
pig's trotter
pied *m* de porc
zampetto *m* di maiale
pie *m* de cerdo

**1047. schwer**
heavy
lourd
pesante
pesado

**1048. Schwertfisch** *m*
swordfish
espadon *m*
pesce *m* spada
pez *m* espada

**1049. Seeaal** *m*
conger eel *(fish)*
congre *m (poisson)*
anguilla *f* di mare *(pesce)*
congrio *m (pez)*

**1050. Seebarsch** *m*
sea bass *(fish)*
bar *m*, loup *m* de mer *(poisson)*
branzino *m*, spigola *f (pesce)*
lubina *f*, róbalo *m (pez)*

**1051. Seehecht** *m*
hake *(fish)*
colin *m*, merlu *m*, merluche *f (poisson)*
nasello *m (pesce)*
merluza *f (pez)*

**1052. Seeigel** *m*
sea urchin
oursin *m*
riccio *m* di mare
erizo *m* de mar

**1053. Seelachs** *m*
pollack, pollock, saithe, coalfish, coley *(fish)*
lieu *m* noir *(poisson)*
merluzzo *m* carbonaro *(pesce)*
carbonero *m (pez)*

**1054. Seespinne** *f*
spider crab
araignée *f* de mer
pantopode *m*, granceola *f*
araña *f* de mar, centollo *m*

**1055. Seeteufel** *m*
monkfish, anglerfish
lotte *f*, baudroie *f (poisson)*
rana *f* pescatrice, lofio *m (pesce)*
rape *m (pez)*

**1056. Seezunge** *f*
sole *(fish)*
sole *f (poisson)*
sogliola *f (pesce)*
lenguado *m (pez)*

**1057. Sekt** *m*
German sparkling wine
*vin effervescent allemand de qualité, de fermentation en bouteille*; *correspond à crémant*
spumante *m (prodotto in Germania)*
*vino espumoso alemán, corresponde al cava*

**1058. Sektkühler** *m*
champagne bucket
seau *m* à champagne
secchiello *m* da spumante
cubo *m* para cava

**1059. Selbstbedienung** *f*
self service
libre service
self-service *m*
autoservicio *m*

**1060. selchen** *v (Aut, Bay)*
smoke
fumer, saurer *(viande, poisson, etc.)*
affumicare
ahumar

**1061. Sellerie** *m*
celery
céleri *m*

sedano *m*
apio *m*

**1062. Senf** *m*
mustard
moutarde *f*
senape *f*, mostarda *f*
mostaza *f*

**1063. servieren** *v*
serve
servir
servire
servir

**1064. Serviette** *f*
serviette, napkin
serviette *f*
tovagliolo *m*
servilleta *f*, toalleta *f*

**1065. Sesam** *m*
sesame
sésame *m*, grains *mpl* de sésame
sesamo *m*
sésamo *m*, ajonjolí *m*

**1066. Sessel** *m*
armchair
fauteuil *m*
poltrona *f*
butaca *f*, sillón *m*

**1067. sieden** *v*
boil, simmer
bouillir
bollire, far bollire, lessare
(hacer) hervir

**1068. Silberzwiebel** *f*
pearl onion
oignon *m* blanc
cipolla *f* bianca
cebollita *f* blanca

**1069. Sirup** *m*
syrup
sirop *m*
sciroppo *m*
almíbar *m*, jarabe *m*

**1070. Softeis** *n*
soft ice
mousse *f* glacée
gelato *m* cremoso
crema *f* helada

**1071. Sojabohnen** *fpl*
soybeans, soya beans
fèves *fpl* de soja; haricots *mpl* mungo
soia *f*
habas *fpl* de soja

**1072. Sojabohnensprossen** *fpl*
bean sprouts
pousses *fpl* de soja
germogli *mpl* di soia
soja *f* germinada

**1073. Sojamilch** *f*
soya milk
soja *m* à boire
latte *m* di soia
leche *f* de soja

**1074. Sojasprossen** *fpl*
bean sprouts
pousses *fpl* de soja
germogli *mpl* di soia
soja *f* germinada

**1075. Sojasoße** *f*
soya sauce
sauce *f* (de) soja
salsa *f* di soia
salsa *f* de soja

**1076. Sommelier** *m*
wine waiter
sommelier *m*
sommelier *m*
somelier *m*

**1077. Sonnenblumenkerne** *mpl*
sunflower seed
graines *fpl* de tournesol
semi *mpl* di girasole
semillas *fpl* de girasol, pipas *fpl* de girasol

**1078. Sonnenblumenöl** *n*
sunflower oil
huile *f* de tournesol
olio *m* di semi di girasole
aceite *m* de girasol

**1079. Sorbet(t)** *m(n)*
sorbet
sorbet *m*
sorbetto *m*
sorbete *m*

**1080. sorgfältig**
careful
avec soin, soigneusement
con cura, con attenzione
cuidadosamente

**1081. Soße** *f*
sauce
sauce *f*
salsa *f*
salsa *f*

**1082. Soßenschüssel** *f*
sauceboat, gravy boat
saucière *f*
salsiera *f*
salsera *f*

**1083. Spanferkel** *n*
sucking pig
cochon *m* de lait
porcellino *m* da latte
cochinillo *m*, lechón *m*

**1084. Spargel** *m*
asparagus
asperge *f*
asparago *m*
espárrago *m*

**1085. Spargelspitzen** *fpl*
asparagus tips
pointes *fpl* d'asperges
punte *fpl* di asparagi
cabezas *fpl* de espárrago

**1086. Speck** *m*
bacon, bacon fat, lard
lard *m*
lardo *m*
tocino *m*

**1087. Speckmöckli** *npl (CH)*, **Speckwürfel** *mpl*
diced bacon
lardons *mpl*
lardelli *mpl*
cubitos *mpl* de tocino, trocitos *mpl* de tocino

**1088. Speise** *f*
dish
plat *m*, mets *m*
piatto *m*, pietanza *f*
comida *f*, manjar *m*, plato *m*

**1089. Speisekarte** *f*
menu
menu *m*
menu *m*, menù *m*, lista *f* (delle vivande)
carta *f*, menú *m*

**1090. Speisesaal** *m*
dining hall, dining room
salle *f* de restaurant
sala *f* da pranzo
comedor *m*

**1091. Spezialität** *f*
speciality
spécialité *f*
specialità *f*
especialidad *f*

**1092. spicken** *v*
lard
larder
lardellare, picchettare
mechar

**1093. Spiegelei** *n*
fried egg
œuf *m* sur le plat
uovo *m* all'occhio di bue, uovo *m* al tegamino
huevo *m* al plato, huevo *m* estrellado

**1094. Spieß** *m*
spit *(grill)*; skewer *(for meat)*
broche *f*
spiedo *m*
aguja *f*, broqueta *f*

**1095. Spießchen** *n*
small skewer
brochette *f*
spiedino *m*
broqueta *f*, espetón *m*

**1096. Spinat** *m*
spinach
épinards *mpl*
spinaci *mpl*
espinacas *fpl*

**1097. Sprosse** *f*
sprout, shoot
pousse *f*
germoglio *m*
brote *m*

**1098. Sprossenkohl** *m*, **Sprosserl** *n (Aut)*
Brussels sprouts
chou *m* de Bruxelles
cavolino *m* di Bruxelles
col *f* de Bruselas

**1099. Sprotte** *f*
sprat *(fish)*
sprat *m (poisson)*
spratto *m (pesce)*
espadín *m (pez)*

**1100. Sprudel** *m*
sparkling water
eau *f* gazeuse
acqua *f* minerale frizzante
agua *f* mineral gaseosa, agua *f* con gas

**1101. sprudelig**
sparkling
pétillant, effervescent
gas(s)ato, frizzante
efervescente

**1102. Sprudelwasser** *n*
sparkling water
eau *f* gazeuse
acqua *f* minerale frizzante
agua *f* mineral gaseosa, agua *f* con gas

**1103. Stäbchen** *n*
small stick, chopstick
baguette *f*
bastoncino *m*
bastoncillo *m*

**1104. Stachelbeere** *f*
gooseberry
groseille *f* à maquereau
uva *f* spina
grosella *f* espinosa

**1105. Stangenbrot** *n*
French bread
*pain allongé, du type baguette, ficelle, etc.*
filone *m*, bastone *m (pane)*
*pan de forma alargada*

**1106. Stangensellerie** *m*, **Staudensellerie** *m*
celery
céleri *m* en branches
sedano *m* da costa
apio *m* en rama

**1107. Steckrübe** *f*
turnip
rutabaga *m*
rapa *f*
colinabo *m*, nabo *m* sueco; grelo *m*

**1108. Steinbeißer** *m*
Atlantic wolffish
loup *m* marin
1. lupo *m* di mare; 2. cobite *m* comune
perro *m*, locha *f (pez)*

**1109. Steinbutt** *m*
turbot *(fish)*
turbot *m (poisson)*
rombo *m* chiodato *(pesce)*
rodaballo *m (pez)*

**1110. Steinpilz** *m*
cep, edible bolete
cep *m*, bolet *m*
fungo *m* porcino, porcino *m*
boleto *m*, seta *f*

**1111. Sternanis** *m*
star aniseed
badiane *f*
anice *m* stellato
badiana *f*

**1112. Sternfrucht** *f*
star fruit
carambole *f*
carambola *f*
carambola *f*

**1113. Steuer** *f*
tax, duty
impôt *m*, taxe *f*
imposta *f*, tassa *f*
impuesto *m*, tasa *f*

**1114. Stint** *m*
smelt, sparling *(fish)*
éperlan *m (poisson)*
sperlano *m*, eperlano *m (pesce)*
eperlano *m (pez)*

**1115. Stockfisch** *m*
dried cod
morue *f* séchée
stoccafisso *m*, baccalà *m*
bacalao *m* seco

**1116. Stopfleber** *f*
liver of goose or duck, foie gras
foie *m* gras *(d'oie ou de canard)*
foie gras *m*, fegato *m* d'oca, fegato *m* d'anatra
fuagrás *m*

**1117. Stör** *m*
sturgeon *(fish)*
esturgeon *m (poisson)*
storione *m (pesce)*
esturión *m (pez)*

**1118. Strandkrabbe** *f*
green crab, shore crab
crabe *m* vert
granchio *m* comune, granchio *m* carcino
cangrejo *m* de mar

**1119. Strauß** *m*
1. bunch *(flowers)*; 2. ostrich *(bird)*
1. bouquet *m (fleurs)*; 2. autruche *f (oiseau)*
1. mazzo *m* (di fiori); 2. struzzo *m (uccello)*
1. ramo *m (flores)*; 2. avestruz *m (ave)*

**1120. Streichholz** *n*
match
allumette *f*
fiammifero *m*
cerilla *m*, fósforo *m*

**1121. Streifen** *m*
strip
1. bande *f*, lanière *f*; 2. raie *f*, strie *f*
striscia *f*; linea *f*
1. loncha *f (carne)*; 2. lonja *f*; 3. raya *f*; 4. estría *f*

**1122. streuen** *v*
sprinkle *(non-liquid material)*
verser *(substance non liquide)*
cospargere, spargere
echar, esparcir *(sustancias no líquidas)*

**1123. Striezel** *m (Aut)*
plait (biscuit)
brioche *f* (oblongue), tresse *f (pâtisserie)*
*dolce lievitato a forma di treccia*
bollo *m* trenzado

**1124. Strohhalm** *m*
(drinking) straw
paille *f*
cannuccia *f*
pajilla *f*

**1125. Stück** *n*
piece
pièce *f*, morceau *m*
pezzo *m*
pedazo *m*, pieza *f*, trozo *m*

**1126. Stuhl** *m*
chair
chaise *f*
sedia *f*
silla *f*

**1127. Sud** *m*
stock
brassin *m*, fond *m* blanc
guazzetto *m*
calderada *f*

**1128. Sultanine** *f*
sultana
raisin *m* de Smyrne *(raisin sec blond)*
uva *f* sultanina
uva *f* pasa *(de color marrón)*

**1129. Sülze** *f*
aspic *(meat, fish)*
gelée *f (viande, poisson)*
gelatina *f*; aspic *m*
áspic *m*, fiambres *mpl* (envueltos) en gelatina *(carne, pescado)*

**1130. Suppe** *f*
soup
soupe *f*, potage *m*
zuppa *f*, minestra *f*
sopa *f*

**1131. Surhachse** *f*, **Surhaxe** *f*
pickled knuckle of pork
jarret *m* de porc *(saumuré et cuit)*
stinco *m* di maiale *(in salamoia)*
jarrete *m* de cerdo *(en salmuera y luego cocido)*

**1132. süß**
sweet
doux; sucré
dolce
dulce

**1133. Süßigkeit** *f*
sweet, *(AE)* candy
confiserie *f*, sucrerie *f*; friandise *f*
dolciume *m*, caramella *f*
dulce *m*, golosina *f*

**1134. Süßkartoffel** *f*
sweet potato
patate *f*
patata *f* dolce
batata *f*, boniato *m*

**1135. süßsauer**
sweet-and-sour
aigre-doux
agrodolce, dolceamaro
agridulce

**1136. Süßspeise** *f*
sweet, dessert
plat *m* sucré, entremets *m*
dolce *m*
dulce *m*

**1137. Süßstoff** *m*
sweetener
édulcorant *m*
dolcificante *m*, edulcorante *m*
edulcorante *m (en gen.)*

**1138. Suurchabis** *m (CH)*
pickled cabbage
choucroute *f*
crauti *mpl*
chucrut *m*

# T

**1139. Tablett** *n*
tray
plateau *m*
vassoio *m*
bandeja *f*

**1140. Tagesgericht** *n*
dish of the day
plat *m* du jour
piatto *m* del giorno
plato *m* del día

**1141. Tageskarte** *f*
menu of the day
carte *f* du jour
menu *m* del giorno
menú *m* del día

**1142. Tagesmenü** *n*
(set) menu of the day
menu *m* du jour
menu *m* del giorno
menú *m* del día

**1143. Tasse** *f*
cup
tasse *f*
tazza *f*
taza *f*

**1144. Taube** *f*
pigeon
pigeon *m*
piccione *m*, colomba *f*
paloma *f*; pichón *m*

**1145. T-Bone-Steak** *n*
T-bone steak
côte *f* à l'os
costata *f*
chuleta *f* de lomo

**1146. Tee** *m*
tea
thé *m*; tisane *f*, infusion *f (herbes, fruits)*
the *m*, tè *m*; tisana *f (erbe)*
té *m*; tisana *f (hierbas)*

**1147. Teelöffel** *m*
teaspoon
cuiller *f* à thé
cucchiaino *m*
cucharilla *f* (de café)

**1148. Teig** *m*
dough
pâte *f*
pasta *f*
masa *f*

**1149. Teigmantel/im**
wrapped in pastry
en croûte
in crosta
empanado

**1150. Teigwaren** *fpl*
pasta
pâtes *fpl* (alimentaires)
pasta *f* (alimentare)
pastas *fpl* (alimenticias)

**1151. Teil** *m*
part
part *f*, partie *f*
parte *f*
parte *f*

**1152. teilen** *v*
divide
diviser; partager
dividere
dividir; partir

**1153. Teller** *m*
plate
assiette *f*
piatto *m*
plato *m*

**1154. Tellerwärmer** *m*
plate warmer
chauffe-assiettes *m*
scaldapiatti *m*
calientaplatos *m*

**1155. Temperatur** *f*
temperature
température *f*
temperatura *f*
temperatura *f*

**1156. temperiert**
at the right temperature *(wine)*

chambré *(vin)*
a temperatura ambiente *(vino)*
a temperatura ambiente *(vino)*

**1157. Terrine** *f*
tureen, terrine
terrine *f*
terrina *f*
terrina *f*

**1158. teuer**
expensive, dear
cher, coûteux
caro, costoso
caro, costoso

**1159. Thermoskanne®** *f*
thermos® (flask)
cafetière *f* thermos, thermos® *f*
thermos *m*
cafetera *f* aislante, termo *m*

**1160. Thunfisch** *m*
tuna *(fish)*
thon *m (poisson)*
tonno *m (pesce)*
atún *m (pez)*

**1161. Thymian** *m*
thyme
thym *m*
timo *m*
tomillo *m*

**1162. tiefgefrieren** *v*
deep freeze
congeler, surgeler
surgelare
congelar

**1163. Tier** *n*
animal
animal *m*
animale *m*
animal *m*

**1164. Tilapia** *m*
tilapia *(fish)*
tilapia *m (poisson)*
tilapia *m (pesce)*
tilapia *f (pez)*

**1165. Tintenfisch** *m (allg.)*
octopus, squid
cal(a)mar *m*, chipiron *m*, encornet *m*, seiche *f*, poulpe *f*
seppia *f*
calamar *m*, pulpo *m*, sepia *f*

**1166. Tisch** *m*
table
table *f*
tavolo *m*
mesa *f*

**1167. Tisch/den ~ decken** *v*
lay the table
mettre la table
apparecchiare la tavola
poner la mesa

**1168. Tischdecke** *f*
tablecloth
nappe *f*
tovaglia *f*
mantel *m*

**1169. Tischwein** *m*
table wine
vin *m* de table
vino *m* da tavola
vino *m* de mesa

**1170. Toastbrot** *n*
sliced bread for toasting
pain *m* de mie
pane *m* in cassetta
pan *m* de molde

**1171. Tofu** *m*
tofu, bean curd
tofu *m*
tofu *m*
tofu *m*

**1172. Toilette(n)** *f(pl)*
toilet(s), WC, *(AE)* restroom, *(AE)* bathroom
toilette(s) *f(pl)*
toilette *f(pl)*
servicios *mpl*, lavabos *mpl*

**1173. Tomate** *f*
tomato
tomate *f*
pomodoro *m*
tomate *m*

**1174. Tomatenmark** *n*
tomato puree
concentré *m* de tomate
concentrato *m* di pomodoro
concentrado *m* de tomate

**1175. Tomatensoße** *f*
tomato sauce
sauce *f* tomate, coulis *m* de tomate

salsa *f* di pomodoro
salsa *f* de tomate

**1176. Topf** *m*
pot, saucepan
pot *m*, casserole *f*
pentola *f*, casseruola *f*
cacharro *m*, cacerola *f*, pote *m*

**1177. Topfen** *m (Aut, Bay)*
quark, curd cheese
fromage *m* blanc
quark *m*
requesón *m*

**1178. Törtchen** *n*
tartlet, small tart
tartelette *m*, petit gâteau *m*
tarteletta *f*, tortina *f*
tartaleta *f*

**1179. Torte** *f*
tart, cake
gâteau *m*, tarte *f* (à la crème)
torta *f*
tarta *f*

**1180. Tortenbiskuit** *n*
sponge cake
génoise *f*
*dolce morbido tipo pan di Spagna*
bizcocho *m*

**1181. Touristenmenü** *n*
tourist menu, set meal for tourists
menu *m* touristique
menu *m* turistico
menú *m* turístico

**1182. tranchieren** *v*
carve *(meat)*
découper *(viande)*
trinciare *(carne)*
trinchar *(carne, aves)*

**1183. Traube** *f*
grape
grappe *f* de raisin, raisin *m*
grappolo *m* d'uva
uva *f*

**1184. trinken** *v*
drink
boire
bere
beber

**1185. Trinkgeld** *n*
tip
pourboire *m*
mancia *f*
propina *f*

**1186. trocken**
dry
sec
asciutto, secco
seco

**1187. Trockenerbsen** *fpl*
dried peas
petits pois *mpl* secs
piselli *mpl* secchi spezzati
guisantes *mpl* majados

**1188. Trockenfrüchte** *fpl*
dried fruits
fruits *mpl* secs
frutta *f* secca
fruta *f* seca

**1189. trocknen** *v*
dry
sécher
asciugare, seccare
secar

**1190. Tropfen** *m*
drop
goutte *f*
goccia *f*, goccio *m*
gota *f*

**1191. Trüffel** *f*
truffle
truffe *f*
tartufo *m*
trufa *f*

**1192. Truthahn** *m*
turkey (cock)
dindon *m*
tacchino *m*
pavo *m*

# U

**1193. überbacken** *v*, **überkrusten** *v*
*brown under the grill, generally with cheese*
gratiner
gratinare
gratinar

**1194. Überraschung** *f*
surprise
surprise *f*
sorpresa *f*
sorpresa *f*

**1195. umdrehen** *v*
turn round, turn over
retourner
(ri)voltare, girare dall'altra parte
volver

**1196. umrühren** *v*
stir
remuer, brasser, tourner
rimestare, mescolare, girare
revolver

**1197. unerlässlich**
indispensable
indispensable
indispensabile, essenziale
indispensable, imprescindible

**1198. ungespritzt**
not sprayed *(fruits, vegetables)*
non traités *(fruits, légumes)*
non trattato *(frutta, verdura)*
sin tratar, no tratado *(frutas, verdura)*

**1199. untergärig** *(Bier)*
bottom fermented *(beer)*
de fermentation basse *(bière)*
a bassa fermentazione
de baja fermentación

**1200. Untersatz** *m*
mat, coaster *(for glasses)*
dessous *m* (de plat, de verre)
sottopentola *m*
platillo *m*

**1201. Untertasse** *f*
saucer
soucoupe *f*
piattino *m*, sottocoppa *m*
platillo *m* (de la taza)

**1202. unverdaulich**
indigestible
indigeste
indigesto
indigesto

**1203. unverdünnt**
undiluted; neat *(alcohol)*
non dilué, pur
non diluito
puro, sin diluir

**1204. unzerbrechlich**
unbreakable
incassable
infrangibile
irrompible

# V

**1205. Vanillecreme** *f*
custard, vanilla sauce
crème *f* à la vanille, crème *f* anglaise
crema *f* alla vaniglia
crema *f* inglesa, natillas *fpl* de vainilla

**1206. Vanillezucker** *m*
vanilla sugar
sucre *m* vanillé
zucchero *m* vanigliato
azúcar *m* aromatizado con vainilla

**1207. variieren** *v*
vary
varier
variare
variar

**1208. vegan**
vegan
végétalien
vegetaliano, vegano
vegetaliano, vegano

**1209. Veganer** *m*
vegan
végétalien *m*
vegetaliano *m*, vegano *m*
vegetaliano *m*, vegano *m*

**1210. Vegetarier** *m*
vegetarian
végétarien *m*
vegetariano *m*
vegetariano *m*

**1211. vegetarisch**
vegetarian
végétarien
vegetariano
vegetariano

**1212. Venusmuschel** *f*
Venus mussel

praire *f*; palourde *f*
vongola *f*; tartufo *m* di mare
almeja *f*

**1213. Verbrauch** *m*
consumption
consommation *f*
consumo *m*
consumo *m*

**1214. verbrauchen** *v*
consume
consommer
consumare
consumir

**1215. verdauen** *v*
digest
digérer
digerire
digerir

**1216. verdaulich**
digestible
digeste
digeribile
digestible, digerible

**1217. verderblich**
perishable
périssable
deperibile
perecedero *(comestibles)*

**1218. verdünnen** *v*
dilute
diluer
diluire, allungare
desleír, diluir

**1219. verdunsten** *v*
evaporate
(s')évaporer
(far) evaporare
evaporarse

**1220. veredeln** *v*
refine
affiner, améliorer
affinare, rendere più delicato
afinar, mejorar

**1221. Verfallsdatum** *n*
best before date, use by date, expiry date
date *f* de péremption
data *f* di scadenza
fecha *f* de caducidad

**1222. verfeinern** *v*
refine
affiner, améliorer
affinare, rendere più delicato
afinar, mejorar

**1223. vergleichen** *v*
compare
comparer
confrontare, paragonare
comparar

**1224. verlieren** *v*
lose
perdre
perdere
perder

**1225. verpacken** *v*
pack, wrap (up)
emballer
imballare; confezionare
embalar, envasar

**1226. verschieden**
different, various
différent, divers
differente, diverso
diferente, vario

**1227. verschütten** *v*
spill *(accidentally)*
renverser *(par mégarde)*
versare *(per sbaglio)*
derramar

**1228. versuchen** *v*
try
essayer; goûter
provare, assaggiare
ensayar; gustar, probar

**1229. verteilen** *v*
distribute
distribuer, répartir
distribuire, suddividere
distribuir, repartir

**1230. Verzehr** *m*
consumption
consommation *f*
consumo *m*
consumo *m*

**1231. verzehren** *v*
consume
consommer

consumare
consumir

**1232. viel**
much, many
beaucoup
molto, tanto
mucho

**1233. Viertel** *n*
quarter
quart *m*
quarto *m*, quartino *m (vino)*
cuarto *m*, cuarta parte *f*

**1234. Viktoria(see)barsch** *m*
Nile perch *(fish)*
perche *f* du Nil *(poisson)*
persico *m* del Nilo *(pesce)*
perca *f* del Nilo *(pez)*

**1235. Vogel** *m*
bird
oiseau *m*
uccello *m*
ave *f*

**1236. Vogerlsalat** *m (Aut)*
lamb's lettuce, field lettuce
doucette *f*, mâche *f*, salade *f* de blé
valerianella *f*, dolcetta *f*
milamores *f*, hierba *f* de los canónigos, ensalada *f* de rapónchigo

**1237. voll**
full
plein
pieno
lleno

**1238. Vollkornbrot** *n*
wholemeal bread
pain *m* complet
pane *m* integrale
pan *m* integral

**1239. Vollkornmehl** *n*
wholemeal flour
farine *f* complète
farina *f* integrale
harina *f* integral

**1240. Vollmilch** *f*
full cream milk
lait *m* entier
latte *m* intero
leche *f* sin desnatar, leche *f* entera

**1241. vorbereiten** *v*
prepare
préparer
preparare
preparar

**1242. vorgebacken, vorgekocht**
pre-baked, pre-cooked
précuit
precotto
precocinado

**1243. Vorschrift** *f*
regulation, rule
directive *f*, réglementation *f*
prescrizione *f*, disposizione *f*, norma *f*
normativa *f*, directiva *f*

**1244. Vorspeise** *f*
starter, hors d'œuvre
hors d'œuvre *m*
antipasto *m*
entrada *f*, entrante *m*, entremés *m*

**1245. vorzüglich**
delicious
délicieux
delizioso, squisito
delicioso, sabroso

# W

**1246. Wacholderbeere** *f*
juniper berry
baie *f* de genévrier
bacca *f* di ginepro
enebrina *f*

**1247. Wachsbohne** *f*
wax bean
haricot *m* beurre
fagiolino *m*
habichuela *f*

**1248. Wachtel** *f*
quail
caille *f*
quaglia *f*
codorniz *f*

**1249. Waffel** *f*
waffle, wafer
gaufre *f*

gaufre *f*, cialda *f*
gofre *m*, barquillo *m*

**1250. Wahl** *f*
choice
choix *m*
scelta *f*
selección *f*, surtido *m*

**1251. Wahl/nach**
of choice
au choix
a scelta
a escoger

**1252. wählen** *v*
choose
choisir
scegliere
escoger

**1253. Waldfrüchte** *fpl*
forest berries
fruits *mpl* des bois
frutti *mpl* di bosco
frutas *fpl* silvestres

**1254. Waldpilze** *mpl*
forest mushrooms
champignons *mpl* des bois, champignons *mpl* sylvestres
funghi *mpl* di bosco
setas *fpl* del bosque, hongos *mpl* silvestres

**1255. Wammerl** *n (Aut, Bay)*
belly of pork
poitrine *f* de porc
pancetta *f* di maiale
panceta *f*, tocino *m*

**1256. Wange** *f*
cheek
joue *f*
guancia *f*, gota *f*
mejilla *f*

**1257. warm**
warm
chaud
caldo
caliente

**1258. Warmhalteplatte** *f*
hot plate, plate warmer
chauffe-plat *m*
scaldavivande *m*
calientaplatos *m*

**1259. warten** *v*
wait
attendre
aspettare, attendere
esperar, aguardar

**1260. Wartezeit** *f*
waiting time
temps *m* d'attente
periodo *m* d'attesa, attesa *f*
tiempo *m* de espera

**1261. waschen** *v*
wash
laver
lavare
lavar

**1262. Wasser** *n*
water
eau *f*
acqua *f*
agua *f*

**1263. Wassermelone** *f*
water melon
pastèque *f*
anguria *f*, cocomero *m*
sandía *f*

**1264. wegnehmen** *v*
remove, take away
enlever, retirer
togliere, levare, rimuovere
quitar, sacar

**1265. weich**
soft, tender *(meat, egg)*
tendre, moelleux, mou
morbido, molle, tenero
1. blando; 2. muelle

**1266. Wein** *m*
wine
vin *m*
vino *m*
vino *m*

**1267. Weinblätter** *npl*
wine leaves
feuilles *fpl* de vigne
foglie *fpl* di vite
hojas *fpl* de la vid

**1268. Weinkarte** *f*
wine list
carte *f* des vins

lista *f* dei vini
carta *f* de vinos

**1269. Weinprobe** *f*
wine tasting
dégustation *f* (de vins)
degustazione *f* del vino
cata *f*, degustación *f* de vinos

**1270. Weintraube** *f*
grape
grappe *f* (de raisin)
grappolo *m* d'uva
uva *f*

**1271. Weißkohl** *m*
white cabbage
chou *m* blanc
cavolo *m* bianco
repollo *m*

**1272. Weizen** *m*
wheat
blé *m*, froment *m*
grano *m*, frumento *m*
trigo *m*

**1273. Wels** *m*
catfish
silure *m (poisson)*
siluro *m* d'Europa *(pesce)*
siluro *m (pez)*

**1274. wenig**
little, not much
peu
poco
poco

**1275. wiegen** *v*
weigh
peser
pesare
pesar

**1276. Wild** *n*, **Wildbret** *n*
game, venison
gibier *m*
selvaggina *f*
caza *f*, venado *m*

**1277. Wildente** *f*
wild duck
canard *m* sauvage, canard *m* de barbarie
anatra *f* selvatica
pato *m* silvestre, pato *m* salvaje

**1278. Wildkräuter** *npl*
wild herbs
herbes *fpl* (aromatiques) sauvages
erbe *fpl* selvatiche
hierbas *fpl* selváticas

**1279. Wildpfeffer** *m*, **Wildragout** *n*
game stew
civet *m*
stufato *m* di selvaggina
guisado *m* de caza

**1280. Wildschwein** *n*
wild boar
sanglier *m*
cinghiale *m*
jabalí *m*

**1281. Windbeutel** *m*/**gefüllter**
cream puff
chou *m* à la crème *(pâtisserie)*
bignè *m* alla crema
petisú *m*, buñuelo *m* de viento

**1282. Winzer** *m*
wine grower
vigneron *m*
viticoltore *m*
viñador *m*

**1283. Wirsing** *m*, **Wirz** *m (CH)*
savoy cabbage
chou *m* frisé
cavolo *m* verza, verza *f*
col *f* rizada

**1284. Wittling** *m*
whiting *(fish)*
merlan *m (poisson)*
merlano *m (pesce)*
merlán *m (pez)*

**1285. Wochenmarkt** *m*
weekly market
marché *m* hebdomadaire
mercato *m* settimanale
mercado *m* semanal

**1286. Wolfsbarsch** *m*
sea bass *(fish)*
bar *m*, loup *m* de mer *(poisson)*
branzino *m*, spigola *f (pesce)*
lubina *f*, róbalo *m (pez)*

**1287. Wrackbarsch** *m*
stone bass *(fish)*
cernier *m*, mérou *m* (basque) *(poisson)*
cernia *f* di fondale *(pesce)*
cherna *f*, jorna *f*, mero *m (pez)*

**1288. wünschen** *v*
wish, want
désirer
desiderare
desear

**1289. Würfel** *m*
cube
dé *m*; cube *m*
dado *m*, dadino *m*, cubo *m*, cubetto *m*; zolletta *f (zucchero)*
cubo *m*

**1290. Würfelzucker** *m*
sugar cubes, cube sugar
sucre *m* en morceaux
zucchero *m* in zollette
azúcar *m* en terrones

**1291. Wurst** *f*
sausage
saucisse *f*, saucisson *m*
salsiccia *f*
salchicha *f*, salchichón *m*

**1292. Wurstwaren** *fpl*
*all kinds of sausages, pâtés, and cold meats*
charcuterie *f*
insaccati *mpl*, salumi *mpl*
embutidos *mpl (en gen.)*

**1293. würzen** *v*
season
assaisonner
condire, insaporire
condimentar, sazonar

# Z

**1294. zäh**
tough
dur, coriace
duro; denso
duro, correoso

**1295. zahlen** *v*
pay
payer
pagare
pagar

**1296. Zahnbrassen** *m*
common dentex, toothed sparus, snapper *(fish)*
denti *m*, denté *m (poisson)*
dentice *m (pesce)*
dentón *m*, capitón *m (pez)*

**1297. Zahnstocher** *m*
toothpick
cure-dents *m*
stuzzicadenti *m*
palillo *m*

**1298. Zander** *m*
pike(-)perch *(fish)*
sandre *m (poisson)*
luc(c)ioperca *m (pesce)*
lucioperca *f (pez)*

**1299. zart**
tender
tendre
tenero
tierno

**1300. Zeller** *m (Aut)*
celery
céleri *m*
sedano *m*
apio *m*

**1301. zerbrechlich**
fragile
fragile
fragile
frágil

**1302. zerkleinern** *v*
chop
hacher
tritare
picar

**1303. Ziege** *f*
goat
chèvre *m*
capra *f*
cabra *f*

**1304. Ziegenkäse** *m*
goat's cheese
fromage *m* de chèvre, chèvre *m*
formaggio *m* di capra
queso *m* de cabra

**1305. Ziegenkitz** *n*
goat kid
chevreau *m*, cabri *m*

caprettino *m*
cabrito *m*

**1306. Zieger** *m (CH)*
quark, curd cheese
fromage *m* blanc
quark *m*
cuajada *f*, requesón *m*

**1307. Zimt** *m*
cinnamon
cannelle *f*
cannella *f*
canela *f*

**1308. Zitronat** *m*
candied lemon peel
citronnat *m*
scorza *f* di limone candita
piel *f* de limón confitada, cidra *f* confitada

**1309. Zitrone** *f*
lemon
citron *m*
limone *m*
limón *m*

**1310. Zitronenpresse** *f*
lemon grater
presse-citron *m*
spremilimoni *m*
exprimidor *m* (de limones), prensalimones *m*

**1311. Zitronenschale** *f*
lemon peel; zest *(of a citrus fruit)*
zeste *m* (de citron)
scorza *f* del limone
corteza *f* de limón

**1312. Zitrusfrüchte** *fpl*
citrus fruits
agrumes *fpl*
agrumi *mpl*
agrios *mpl*, cítricos *mpl*

**1313. zubereiten** *v*
prepare
préparer
preparare
aderezar, preparar

**1314. Zucchini** *f*, **Zucchino** *m*
*(BE)* courgettes, *(AE)* zucchini
courgette *f*
zucchina *f*, zucchino *m*
calabacín *m*

**1315. Zucker** *m*
sugar
sucre *m*
zucchero *m*
azúcar *m(f)*

**1316. zuckern** *v*
sugar, sweeten
sucrer
zuccherare
azucarar

**1317. Zuckerschote** *f*
sugar snap pea, mangetout
pois *m* gourmand
fagiolo *m* mangiatutto; taccola *f*
guisante *m* mollar, tirabeque *m*

**1318. Zunge** *f*
tongue
langue *f*
lingua *f*
lengua *f*

**1319. Zusammensetzung** *f*
composition
composition *f*
composizione *f*
composición *f*

**1320. zusammenstellen** *v*
put together
composer, combiner
comporre, combinare
componer, reunir

**1321. zusätzlich**
supplementary, additional
supplémentaire
aggiuntivo, supplementare
adicional, suplementario

**1322. Zusatzstoff** *m*
additive
additif *m*
additivo *m*
aditivo *m*

**1323. Zutaten** *fpl*
ingredients
ingrédients *mpl*
ingredienti *mpl*
ingredientes *mpl*

**1324. Zwergdorsch** *m*
poor cod *(fish)*
tacaud *m (poisson)*

gado *m* barbato *(pesce)*
gado *m* *(pez)*

**1325. Zwetsch(g)e** *f*
plum
quetsche *f*
susina *f*, prugna *f*
damascena *f*, ciruela *f* damascena

**1326. Zwetschgenwasser** *n*
plum brandy, plum schnapps
eau-de-vie *f* de quetsche, quetsche *f*
acquavite *f* di prugne
aguardiente *m* de ciruelas (damacenas)

**1327. Zwieback** *m*
rusk
biscotte *f*
fetta *f* biscottata
bizcocho *m*

**1328. Zwiebel** *f*
onion
oignon *m*
cipolla *f*
cebolla *f*

# Anhang

# Inhalte

# 1. Landestypische Gerichte und Beilagen

Die nachstehende Auswahl von typischen Gerichten und Beilagen aus den einzelnen Ländern will nur exemplarischen Charakter haben. Es handelt sich dabei keineswegs um eine vollständige Zusammenstellung *aller* wirklich für ein Land repräsentativen Zubereitungen. Vielmehr soll in der Zusammenstellung aufgezeigt werden, was aus Nützlichkeitsempfinden, Sparsamkeit, aber auch Genialität von Hausfrauen und professionellen Köchen, oder einfach aus der bescheidenen Lust an besonderem Geschmack aus letztlich einfachen Zutaten – von Brotkrumen bis zu einem schönen Hummer... – in einer aufmerksamen Küche gemacht werden kann.

## Gerichte der Britischen Inseln

**Atholl Brose** eine *frumenty*-Variante (s. d.) mit Haferflocken, Sahne, Honig oder braunem Zucker und Whisky; in kleinen Gläsern serviert

**angels on horseback** in Speckscheiben gewickelte rohe Austern, als pikante Häppchen oder hors d'œuvre serviert

**baked beans** weiße Bohnen in dicker Tomatensoße, manchmal im Ofen überbacken

**baked stuffed pike** Hecht mit einer Füllung aus Butter, gedünsteten Zwiebeln, Brotkrumen und feingehackten Anchovis, mit Rotwein und Orangensaft übergossen und im Ofen gebacken

**beef roll** eine Art Hackbraten aus Rinderhackfleisch und gekochtem Schinken, mit Ei und Gewürzen, in einer Form im Wasserbad gegart, kalt mit Brot serviert

**beef Wellington** Rinderfilet in einer Hülle von zerkleinerten Champignons, gewürztem Hackfleisch und Blätterteig, als Ganzes im Ofen gebacken

**black pudding** Blutwurst, eingedickt mit Rinderfett und Hafermehl

**boxty pancakes** Kartoffelpuffer aus rohen geriebenen Kartoffeln, mit Mehl, Milch, Kümmel und Salz (Irland)

**brandy butter** mit Zucker und Weinbrand verrührte Butter, zu *Christmas pudding* und *mince pies*

**brawn** kaltes Fleisch in Aspik, von während längerer Zeit mit Zwiebeln und Gewürzen ausgekochten Schweinepfoten und -hachsen

**bread pudding** eine Art Brotauflauf, ähnlich wie „Scheiterhaufen"

**bubble and squeak** kleingeschnittene kalte Bratenreste, zerkleinerter Kohl und Kartoffeln, zusammen in der Pfanne angebraten und mehrmals wieder zerpflückt

**butterscotch** eine Art Karamell aus Butter, braunem Zucker, Vanille und Gewürzen, auch als Grundlage für Soßen

**chicken-and-leek pie** mit Lauch gekochtes und zerkleinertes Suppenhuhn und Scheiben gekochter und geräucherter Rinderzunge, in einer mit Teig ausgelegten Form aufeinandergeschichtet und mit einem Teigdeckel im Ofen gebacken

**China chilo** Hammelhackfleisch, mit zerkleinerten Salatblättern, Erbsen, Pilzen und Gewürzen angebraten und mit gekochtem Reis serviert

**cock-a-leekie** Suppe aus Hühnerbrühe und Lauch, gelegentlich mit getrockneten Pflaumen und Hähnchenstücken angereichert (Schottland)

**colcannon** Kartoffelpüree mit untergezogenen fein geschnittenen und gedünsteten Weißkohlstreifen (Irland)

**Cornish pasty** an den Enden spitz ausgezogene Blätterteigtaschen, mit einer Füllung aus Hackfleisch, zerdrückten Kartoffeln und manchmal Gemüse (Spezialität aus Cornwall)

**cottage pie** angebratenes Rinderhackfleisch, mit Kartoffelpüree bedeckt in einer Form gebacken

**deviled kidneys** halbierte Hammelnieren, roh in eine scharfe Chutney-Senf-Marinade eingelegt, dann übergrillt und auf mit der Marinade getränktem Toast serviert

**Dundee cake** schwerer süßer, mit Mandeln garnierter Kuchen aus Ei, Korinthen, Rosinen, kandierten Kirschen, Orangeat und Zitronat (schottische Spezialität)

**Eccles cake** kleiner traditioneller Blätterteigkuchen, mit Rosinen gefüllt und mit Zucker bestreut

**English breakfast** im Gegensatz zum einfachen *continental breakfast* sehr reichhaltiges Frühstück auf den britischen Inseln, mit Haferflockenbrei (*porridge*), Spiegeleiern auf gebratenem Schinkenspeck, manchmal mit Tomaten und Champignons gebratenen Würstchen, gegrillten geräucherten Heringen oder kleinen Schollen, Kompott aus Dörrpflaumen, Brötchen (*baps*), Toast mit Orangenmarmelade, Tee, Milch und manchmal Kaffee

**fish and chips** traditionelles altes englisches Gericht aus frittiertem Fisch und Pommes frites, mit Salz und Essig gewürzt

**fish pie** in einer Sahne-Mehlsoße mit Anchovispaste und Fenchelsamen kurz gekochte, ausgenommene Hummerkrabben, Taschenkrebse und Fischstücke, mit Kartoffelpüree bedeckt im Ofen hellbraun überbacken

**frumenty** in Wasser aufgequollene und geplatzte, ungeschrotete Weizen- oder Gerstenkörner, mit Honig oder Zucker, Gewürzen und heißer Milch, in kleinen Gläsern serviert; als *Pudding*-Variante auch mit zerkleinertem Trockenobst und mit Ei gebunden

**gingerbread** feuchter brauner Kuchen mit Ingwer und Sirup, vergleichbar mit Lebkuchen

**gooseberry fool** Nachtisch aus Schlagsahne oder Vanillecreme, vermischt mit Stachelbeermus

**haggis** Schafsinnereien, Haferschrot, Zwiebeln und Gewürze, in einen Schafsmagen gefüllt und gekocht, mit vielen Varianten (ursprünglich schottische Spezialität)

**hot mustard pickle** in Salzwasser gekochter zerkleinerter Blumenkohl, geschnittene grüne Tomaten, Gurkenscheiben, Silberzwiebeln, Kapern und Selleriesamen, in einer scharfen Essig-Mehlsoße mit Senfpulver mariniert und kalt als Beilage serviert

**Irish soda bread** traditionelles irisches Brot, mit Buttermilch und Backsoda (anstatt Hefe) als Triebmittel

**junket** Dessert aus eingedickter Milch, Weinbrand oder dunklem Rum, Zucker, Vanille, Muskatnuss

**kedgeree** aufgekochter zerbröselter Räucherdorsch, mit Curryreis heiß in der Pfanne serviert (oft zum englischen Frühstück)

**kipper paste** kurz gekochte und pürierte geräucherte Heringe, mit Butter, Anchovispaste und Gewürzen vermengt, abgekühlt, als Aufstrich auf Appetithäppchen

**Lancashire hot pot** Eintopf mit Lammfleischstücken, Kartoffeln und Zwiebeln, auch mit Lammnieren und manchmal mit Austern, geschichtet und zusammen gekocht

**lavarbread cakes** pürierter Seetang, mit Hafermehl gebunden, als kleine Törtchen in Schweineschmalz angebraten

**mincemeat** gehacktes frisches oder getrocknetes Obst, Nüsse, Kräuter, Rum oder Weinbrand; als traditionelles Dessert zu Weihnachten

**mince pie, mince tart** in Mürbe- oder Blätterteig ausgebackenes *mincemeat*

**mulligatawny** dicke Suppe aus in einer Brühe gekochtem, dann geschnetzeltem Hühner- oder Lammfleisch, mit Curry und Zitrone gewürzt und mit Sahne serviert (ursprünglich indische Küche)

**nut roast** vegetarischer Bratling aus zerkleinerten Nüssen und Kastanien, mit Ei oder pflanzlicher Gelatine gebunden

**oxtail stew** angebratene Stücke Ochsenschwanz, zusammen mit Karotten, weißen Rüben, Stangensellerie und Zwiebeln weich geschmort

**pies** allgemeiner Begriff für kuchen- oder pastetenähnliche Gerichte aus einer Teighülle mit zahllosen süßen oder gesalzenen Füllungen

**plum pudding** in Dampf gedünstete, leicht gebundene Masse aus Rosinen, Korinthen und Rinderfett, oft mit Weinbrand flambiert und mit *brandy butter* (s. d.) serviert; traditionelles Dessert zu Weihnachten

**popovers** kleine, einzelne *Yorkshire puddings* (s. d.)

**potted pork** in Schweineschmalz mit Wasser und Gewürzen im Backofen gegarte kleine Schweinefleischwürfel, in der Kochflüssigkeit in einer Terrine abgekühlt; auf Toast serviert

**potted shrimps** in stark gewürzte Klärbutter eingelegte Garnelen

**puddings** allgemeiner Begriff für überwiegend mit süßen Ingredienzen in einer Puddingform im Wasserbad gekochte oder gedünstete Aufläufe *(Plum pudding, Apricot Pudding,* u. a.); gesalzene bzw. neutrale Varianten sind z. B. der *Steak-and-Kidney-Pudding* (s. d.) oder der gebackene *Yorkshire Pudding* (s. d.)

**roast leg of lamb with mint sauce** mit Rosmarin, Salz und Pfeffer im Ofen gebratene ganze Lammkeule, mit Pfefferminzsoße

**roly-poly** eine Art Strudel, gebacken oder gedämpft, mit Marmelade gefüllt

**scones** Buttergebäck, mit dicker Sahne und Marmelade zum Nachmittagstee warm gegessen

**Scotch broth** Eintopf aus gekochtem Lammfleisch und Graupen, mit feingehackten Karotten, weißen Rüben, Lauch, Sellerie und Zwiebeln

**shepherd's pie** angebratenes gehacktes und gewürztes Lammfleisch, in eine Form gefüllt, mit Kartoffelpüree bedeckt und im Ofen ausgebacken

**skirlies** gesalzener Haferbrei, mit gehackten Zwiebeln und Kräutern in Schweineschmalz in kleinen Portionen angebraten, meist als Beilage; als größerer Fladen auch als Hauptgericht (Schottland)

**spiced beef** mehrere Tage lang mit braunem Zucker, Pfeffer, Salz, Piment und zerstoßenen Wacholderbeeren immer wieder neu eingeriebene Rinderbrust, nach Abtrocknen mehrere Stunden im Ofen geschmort, dann in Scheiben kalt serviert

**steak-and-kidney pudding** kleine Stücke von Rindfleisch und Rindernieren, mit Zwiebeln und Champignons in einem Talgteig gedämpft

**syllabub** eine Art Weinschaumcreme, aus Schlagsahne, Wein, Gewürzen und Zucker

**tatws slaw** mit Buttermilch zubereitetes Kartoffelpüree, als Beilage zu Fleisch (Wales)

**toad-in-the-hole** in Yorkshire Pudding-Teig eingebackenes Fleisch oder Würstchen

**trifle** kalter Biskuitkuchen, mit Marmelade bestrichen, mit Wein oder Sherry getränkt und mit Vanillesoße und Schlagsahne bedeckt

**veal-and-ham pie** Mischung von Kalbfleisch- und Schinkenwürfeln, mit harten Eiern in einem Teigmantel ausgebacken; später durch Einfüllung von Hühneraspik in den Teig gebunden

**Welsh rabbit (oder rarebit)** Käsestückchen mit Bier oder Milch bis zur Schmelzung erhitzt, gewürzt, auf Toast gegossen und kurz überbacken (walisische Spezialität)

**Yorkshire pudding** eine Art Auflaufteig aus Mehl, Eiern und Milch, in sehr heißem Bratenfett im Ofen ausgebacken, als traditionelle Beilage zu *Roast beef*

# Französische Gerichte

**aiguillette** spitz zugeschnittenes Stück Fleisch oder Fisch

**alicot** mit Knoblauch gewürztes Ragout aus Hähnchen-, Truthahn- oder Gänsestücken, mit Kartoffeln, Kastanien, Karotten, Pilzen und Zwiebeln

**andouillette** dünnere, meist in Weißweinsoße oder gebraten mit Pommes frites servierte Kaldaunenwurst (aus Cambrai, Troyes u. a.)

**assiette anglaise** kalte Aufschnittplatte, oft auch mit Rostbeefscheiben und anderem Fleisch

**baeckeoffe** Eintopf aus lagenweise geschichteten Kartoffelscheiben und Stücken von verschiedenem Fleisch, mit Zwiebeln und Gewürzen; in Weißwein in verschlossenem Topf längere Zeit gekocht (Elsaß)

**bavarois** Kuchen und Backwaren mit bayerischer Creme; auch: dicke Sturzcreme

**beignet** 1. Krapfen; 2. allg.: in Fett herausgebackene teigumhüllte Frucht, entschaltes Krebstier oder Gemüsestück

**bisque** Suppe aus zerkleinerten oder gemahlenen Krebstieren aller Art: Hummer, Scampi, Taschenkrebse u. a.

**bœuf bourguignon** Rindfleischstücke mit Speckwürfeln und Schalotten, in Rotwein geschmort (ursprünglich bes. Burgund)

**bouillabaisse** Fischsuppe mit verschiedenen Mittelmeerfischen, darunter obligatorisch der Drachenkopf, Krebsen und Muscheln, stark mit Safran gewürzt (Mittelmeerküste)

**bourride** Fischsuppe, mit Knoblauch und Kräutern gewürzt (Südfrankreich)

**brandade** eine Art von Frikassee, meist von Fisch

**brandade de morue** Frikassee aus Stücken von getrocknetem Kabeljau oder Schellfisch, mit Sahne und Knoblauch

**bûche de Noël** süße Biskuitroulade mit Praliné- oder Schokoladencreme, manchmal auch mit Früchten, in der Form eines Baumstamms (in Frankreich Spezialität zu Weihnachten)

**carbonade flamande** Rindfleischscheiben in Biersoße, mit braunem Zucker, Senf und Gewürzen geschmort (franz. Flandern)

**cassoulet** Eintopf aus weißen Bohnen und eingemachtem Fleisch, auch mit verschiedenen größeren und kleineren Würsten; mit vielen Varianten

**charolais** in Frankreich verbreitete, sehr hochwertige weiße Fleischrinderrasse; auf Speisekarten auch manchmal für ein Einzelstück dieses Fleisches

**chausson** Art Strudel, aus Blätter- oder Hefeteig, mit Apfel- oder Kompottfüllung

**chausson aux pommes** eine Art Apfeltasche

**chipions** sehr kleine Tintenfische, als Ragout meist in ihrer Tinte zubereitet oder frittiert (Mittelmeerküste)

**clafoutis** in ziemlich flüssigem Eierteig aufgebackene Früchte (Kirschen, Apfelstücke)

**coq au vin** Stücke vom Hahn, in Soße mit Speckwürfeln, Perlzwiebeln, Pilzen, Rotwein

**cotriade** Suppe mit verschiedenen Meeresfischen und Muscheln (Bretagne)

**couscous** nordafrikanisches Gericht mit Rind oder Hammel, Geflügel, Merguezwürstchen, Gemüse (besonders Kichererbsen) und Hirsegrieß

**crêpe suzette** dünner Pfannkuchen, flambiert mit Cognac, Grand Marnier oder Cointreau

**croque-madame** mit Käse überbackener Schinkentoast mit Spiegelei

**croustade** warme Blätter- oder Mürbeteigpastete, mit vielerlei, meist gesalzenen Füllungen

**cuisses de grenouilles** Froschschenkel, meist in einer Weißweinsoße

**dartois** mit Fleisch oder Fisch, auch manchmal mit Marzipan oder Konfitüre gefüllte rechteckige Teigtasche

**douillon aux pommes** mit einer Mischung aus Mandelmehl, Butter und Zucker gefüllter Apfel, im Blätterteigmantel gebacken (entspricht „Apfel im Schlafrock")

**far breton** Kuchen aus einer Pudding-Teigmasse, mit Trockenpflaumen (Bretagne)

**ficelle picarde** überbackene Pfannkuchenrolle, mit in Bechamelsoße gebundener Speck- und Pilzfüllung

**filet mignon** allg. Schweinefilet; auch zartester Teil des Kalbsfilets (Filetspitze)

**flamiche** Mürbeteigkuchen mit Belag aus gedämpftem Lauch, Eiern und Sahne, manchmal auch mit Maroille-Käse (Nordfrankreich)

**galette** 1. rundes, flaches Törtchen; 2. dünner, meist gesalzener Pfannkuchen aus Buchweizenmehl; auch: Fladen

**gougère** rundes Brandteigstück mit Käseeinlage

**gratin dauphinois** mit Sahne, Butter und geriebenem Käse überbackene dünne, rohe Kartoffelscheiben

**grenadin (de veau)** kleine, dicke Kalbfleischscheibe aus der Nuss, mit Speckhülle

**hochepot** Eintopf mit Schweine-, Rind-, Hammelfleisch und Gemüsen (Nordfrankreich)

**île flottante** süßer Eischneeklumpen auf Vanillesoße

**jambon persillé** gekochter Schinken in Petersilienaspik (bes. Burgund)

**kouign amann** Hefe- oder Blätterteigkuchen mit viel Butter und Zucker (Bretagne)

**marignan** kleiner ovaler, mit Schlagsahne gefüllter Hefenapfkuchen

**matelote** Ragout mit Süßwasserfischen, manchmal auch mit Kalbfleisch, in Soße aus Wein, Speckwürfeln und Zwiebeln

**miroton de bœuf** Rindsragout in Zwiebelsoße

**mouclade** Miesmuscheln in Sahne-Weinsoße mit Petersilie und Eigelb

**moules marinières** Miesmuscheln im Weißweinsud, mit Butter und Schalottenzwiebeln

**navarin** Hammel- oder Lammragout mit Kartoffeln und weißen Rübchen

**omelette norvégienne** Vanilleeis mit einer Umhüllung aus Baisermasse, sehr schnell im Ofen überbacken, dann meist am Tisch flambiert

**Paris-Brest** mit Mandelcreme gefüllter Kranz aus Brandteig, mit Mandelsplittern bestreut

**parmentier** Mischung von Kartoffelpüree und Hackfleisch, wie ein Auflauf überbacken

**petit salé** gepökelte Brustspitze vom Schwein, z. B. warm mit Linsen serviert

**pissaladière** flacher Mürbeteigkuchen mit Belag aus Tomaten, Oliven, Zwiebeln und Anchovis (Südfrankreich)

**pithiviers** Blätterteigkuchen mit Marzipanfüllung, sonnenähnlich verziert; auch: Blätterteighülle, z. B. für geschnetzelte Innereien, Schnecken u. a.

**potée** Eintopf aus Fleisch, Wurst und Gemüse (Brühe meist getrennt serviert)

**poule au pot** in Wasser gekochtes Suppenhuhn; als Eintopf mit Hühnerbrühe, Hühnerfleisch und Gemüse (vgl. *waterzooi*, in Flandern)

**profiterole** Windbeutel mit Cremefüllung, auch salzig, z. B. mit Gemüsepüree gefüllt

**quatre-quarts** Sandkuchen; aus vier gleichen Teilen Mehl, Butter, Eier und Zucker

**ratatouille** Gemüseeintopf mit Auberginen, Zucchini, Paprikaschoten, Tomaten

**rillettes** streichfähiges Schmalzfleisch; auch mit fettem Enten- oder Gänsefleisch, oder aus gebundenen Thunfischbröseln, Forellen, Räucherlachs u. a. (meist im Loiretal und Bretagne)

**rissole** Teigtasche, mit Fleisch- oder Champignonwürfeln oder Meeresfrüchten, süß auch mit Kompott oder Marmelade gefüllt

**rouille** mit scharfem rotem Paprikapfeffer und Knoblauch gewürzte Mayonnaise

**saint-honoré** Kuchen mit kleinen, mit Zucker glasierten Windbeuteln belegt und mit Schlagsahne garniert

**salmis** Ragout aus Wild, Geflügel oder Fisch, in eingedickter Weinsoße

**salpicon** Geflügel-, Schinken- und Champignonstückchen oder Streifen, mit wenig Soße als Ragout gebunden, oft auch als Füllung verwendet

**suprême** zarte Bruststücke von Geflügel; allgemein: feinste Stücke Fleisch oder Fisch, oder feinste Zubereitungsart einer Speise

**tablier de sapeur** panierte Kalbskaldaunen (Spezialität aus Lyon)

**taboulé** Salat aus gekochtem Bulgur- oder Hirseschrot, frischen Paprika- und Tomatenstreifen, mit Minze und Zitrone gewürzt

**tarte Tatin** gestürzter karamellisierter Obstkuchen (meist Äpfel)

**tripes à la mode de Caen** Eintopf aus Rinderkaldaunen, mit Karotten und Zwiebeln, in Apfelmostsoße, manchmal mit Calvados flambiert

**tripoux** Lammfüße oder Lammkaldaunen, mit Stücken von Hammelmagen oder Hammeldarm umwickelt in einer Weißweinsoße meist (Auvergne)

**viennoiseries** süße Kleinteilchen, z. B. Hörnchen, Schneckennudeln u. a., nur aus Hefe- oder Blätterteig

**waterzooï** Suppentopf aus Fisch oder Geflügel, Karotten, Lauch, Sellerie, Zwiebeln und Gewürzen (Spezialität aus Flandern)

## Italienische Gerichte

**abbacchio alla cacciatora** im Backofen gebratenes Milchlamm, in einer mit Rosmarin, Essig und Knoblauch gewürzten Anchovissoße (Rom)

**amaretto** 1. Amaretto-Likör; 2. Mandelmakronen

**amatriciana/all'** traditionelle Pastasauce aus Tomaten, mit Schweinespeck, Zwiebeln, Chili-Schoten und geriebenem Pecorino-Schafskäse aus Latium (aus Amatrice, kleiner Stadt in Latium, woher ursprünglich das Rezept kommt)

**arista alla fiorentina** Schweinebraten nach florentinischer Art mit Bohnen als Beilage

**arrabbiata/all'** traditionelle scharfe Pastasoße aus Tomaten, Chili, Zwiebeln und Knoblauch (ursprünglich aus Latium)

**babà** pilzförmiges Hefeteiggebäck mit Rosinen, mit Rum oder Sirup getränkt (Neapel)

**baci di dama** Mürbgebäck aus zwei zusammengesetzten Halbkugeln, mit Schokolade gefüllt („Damenküsse", Piemont)

**bistecca alla fiorentina** entspricht dem T-Bone-Steak (Toskana)

**bottarga** getrockneter und gesalzener Rogen von Mittelmeeräschen (***bottarga di muggine***) und Thunfischen (***bottarga di tonno***), der, dünn geschnitten und mit Olivenöl und Zitronensaft beträufelt, als Vorspeise serviert wird

**brodetto marchigiano** Fischeintopf mit verschiedenen Adria-Fischen, Spezialität der „Marche"

**bruschetta** geröstete Brotscheibe, mit Knoblauch bestrichen und mit Olivenöl beträufelt (ursprünglich aus Latium)

**caciucco alla livornese** Fischeintopf aus Hummer, Tintenfisch, mindestens zwei Sorten Weißfisch und Jakobsmuscheln (Livorno)

**cannelloni ripieni** Teigrollen mit einer Füllung aus Fleisch, Ricottakäse usw., im Ofen gebacken

**cannolo siciliano** Teigröllchen mit einer Füllung aus Ricottakäse, kandierten Früchten, Schokolade und Pistazien, mit Puderzucker bestreut (Sizilien)

**cantucci, cantuccini** Mandelkekse aus der Toskana

**caprese** Salat aus Mozzarella, Tomaten und Basilikum, mit Olivenöl verfeinert (Capri, Insel Kampaniens)

**carbonara/alla** Pastasoße aus gebratenen Speckwürfeln, rohen Eiern, geriebenem Pecorino- oder Parmesankäse und frisch gemahlenem Pfeffer

**carpaccio** hauchdünne Scheiben rohen Rinderfilets, mit Olivenöl, Zitronensaft oder Balsamessig geträufelt und mit gehobeltem Parmesankäse bestreut

**cassata alla siciliana** 1. Sizilianischer Kuchen, gefüllt mit Ricottakäse, Pistazien, Schokoladenstückchen und kandierten Früchten; 2. Eistorte mit kandierten Früchten und Schokoladenstückchen

**cima alla genovese** mit gehacktem Kalbfleisch, Kalbsbries oder Hirn, Pinienkernen, Eiern, Kräutern gefüllte Kalbsbrust (Ligurien)

**colomba pasquale** Osterkuchen aus Hefeteig, in Taubenform, mit Mandeln und Hagelzucker bestreut; neue Varianten auch mit Cremefüllung

**cotechino e lenticchie** traditioneller Neujahrsimbiss (für Glück und Reichttum im Neuen Jahr) aus einer Kochwurst (bestehend aus Schweinefleisch und Speckschwarte), mit Linsen und meist Kartoffelbrei heiß serviert (Emilia-Romagna)

**fegato alla veneziana** in Streifen geschnittene, gebratene Kalbsleber mit Zwiebeln (Veneto)

**granita siciliana** Erfrischungsgetränk aus kleinen Eisstückchen, mit Zitronen-, Orangensaft, starkem Kaffee, Mandeln oder Sirupen aromatisiert (Sizilien)

**insalata di riso** kalter Reissalat mit Tomaten, Kapern, gekochten Eiern und anderen Zutaten

**insalata russa** Beilage mit gekochten Eiern und Gemüse, mit Mayonnaise gebunden

**lasagne alla bolognese** Auflauf aus mehreren Schichten Lasagneblättern, mit Fleisch- und Béchamelsauce gefüllt (Emilia-Romagna)

**mostarda** 1. Senf; 2. pikant eingelegte Senffrüchte, als traditionelle Begleitung von Suppenfleisch (Poebene)

**osso buco, ossobuco** geschmorte Kalbsbeinscheiben, in Tomatensoße, mit Weißwein versetzt (Mailand)

**pandoro** Weihnachtskuchen aus lockerem Hefeteig, reichlich mit Puderzucker bestreut (ursprünglich Verona)

**panettone** Mailänder Weihnachtskuchen aus lockerem Hefeteig mit Rosinen, in vielen Varianten

**panforte** Pfefferkuchen aus der Toskana (Siena) mit Honig, Trocken- und kandierten Früchten

**panna cotta** Dessert aus aufgekochter Sahne, Zucker, Gelatine und Vanille

**parmigiana di melanzane** Gemüsegericht aus überbackenen Auberginen mit Tomatensoße, geriebenem Parmesan, Mozzarella, Basilikumblättern

**passatelli** traditionelle Suppeneinlage der Emilia-Romagna, aus fein geriebenem Brot mit rohem Ei, Parmesankäse, Muskatnuss

**pastiera** Mürbeteigtorte mit Ricotta-Getreide-Füllung und kandierten Früchten (Neapel)

**pesto alla genovese** grüne Nudelsoße, aus extra-nativem Olivenöl, Basilikum, Pinienkernen, Parmesankäse und Knoblauch (Ligurien)

**pinzimonio** Soße aus extra-nativem Olivenöl, Salz, Pfeffer, Zitronensaft oder Essig, in die beim Essen in Stücke geschnittenes rohes Gemüse (Karotten, Artischocken, Fenchelknollen, Stangensellerie, usw.) eingetaucht wird

**pizza margherita** Symbol der neapolitanischen Küche, das erste Mal 1889 mit Tomaten, Basilikum und Mozzarella, d. h. mit den Farben der italienischen Flagge zubereitet, zu Ehren der Königin Margarete von Savoyen beim Besuch in Neapel

**polenta** traditioneller Brei aus Maismehl, als Beilage zu Gulasch, Braten oder Wurst, zu Pilzen und verschiedenen Ragouts (Reh, Kaninchen, usw.); sehr verbreitet in Norditalien

**polenta ai quattro formaggi** Polenta mit vier Käsesorten (z. B. Tomini, Fontina, Gorgonzola, geriebenem Parmesan), die unter die heiße Polenta gemischt werden

**polenta concia o alla valdostana** mit Fontina-Käse geschichtete und überbackene Polenta (Aostatal)

**puttanesca/alla** Pastasoße „nach Hurenart", aus Sardellen, Oliven, Kapern, Tomaten, Knoblauch, Chili und Petersilie (Kampanien)

**ragù alla bolognese** Pastasoße nach Bologneser Art mit gehacktem Rindfleisch, Tomatensoße, gehacktem Gemüse, Olivenöl, Salz, Pfeffer

**ribollita** traditionelle dicke Gemüsesuppe aus der Toskana mit Bohnen und Schwarzkohl, die mit Scheiben von geröstetem Weißbrot geschichtet wird („mehrmals aufgekocht")

**risi e bisi** typisches Reisgericht aus Venetien mit Erbsen

**risotto** Reisgericht in vielen Varianten und Farben je nach Zutaten und Geschmack, meist mit geriebenem Parmesan bestreut

**risotto alla milanese** Reisgericht nach Mailänder Art, mit Safran und geriebenem Parmesan

**risotto con le cozze** Reisgericht mit Miesmuscheln

**risotto con le salsicce** Reisgericht mit gebratenen Würsten

**risotto nero con le seppie** Reisgericht mit Tintenfischen

**saltimbocca alla romana** kleine, in Butter gebratene Kalbsschnitzel mit rohem Schinken und Salbei, in einer Weißweinsoße

**soffritto** in Olivenöl angeschmortes, fein gehacktes Gemüse (Zwiebeln, Knoblauch, Kräuter, Stangensellerie), auch mit Speckwürfeln, als Grundlage für viele Gerichte

**spaghetti aglio e olio** Spaghetti mit Knoblauch, Olivenöl, Pfeffer und Petersilie

**spaghetti aglio, olio e peperoncino** Spaghetti mit Knoblauch, Olivenöl und Chili

**spaghetti alle vongole** Spaghetti mit Venusmuscheln, Tomaten, Knoblauch, Pfeffer und Petersilie

**tiramisù** kalte Nachspeise aus in starkem Kaffee getränkten Löffelbiskuits, Mascarpone, Eiern, mit Likör aromatisiert und reichlich mit Kakaopulver bestreut

**torrone** Süßigkeit aus Honig, Haselnüssen oder gerösteten Mandeln in verschiedenen Varianten, meist als Riegel erhältlich

**torta di riso** Reistorte mit Mandeln, Milch, Amaretti und kandierten Früchten, mit Amarettolikör aromatisiert

**torta pasqualina** Osterauflauf mit einer Füllung aus Mangold, geriebenem Parmesan, Kräutern und ganzen Eiern (Ligurien)

**vitello tonnato** dünne Kalbfleischscheiben, in fein geschnittenem Gemüse geschmort, mit einer feinpürierten Sauce aus Thunfisch, Mayonnaise, Sardellen und Kapern kalt serviert

**zampone** gefüllter, mehrere Stunden auf schwacher Hitze gekochter Schweinefuß, mit Linsen, Kartoffelpüree o. Ä. heiß serviert (Neujahrsspezialität aus Emilia-Romagna)

**zuppa inglese** cremige Nachspeise aus in Alchermes-Likör getränkten Löffelbiskuits und einer Creme aus Eidottern, Mehl, Zucker, Milch, Kakao, mit Zitronenschale aromatisiert (kalt serviert). Diese Süßspeise, ursprünglich aus Emilia-Romagna, existiert in unzähligen Variationen.

## Spanische Gerichte

**ajo blanco con uvas** Variante des *gazpacho andaluz* (s. d.), mit viel püriertem Knoblauch und Weintrauben (Andalusien)

**angulas al ajillo** mit Knoblauch in Öl gebratene oder frittierte Glasaale (Valencia)

**arroz blanco con mejillones** ausgelöste Miesmuscheln in einer fein pürierten Soße aus Tomaten, Zwiebeln, Karotten und Lauch, Weißwein, Weinbrand und Cayennepfeffer, im Reisrand (Valencia)

**arroz a la marinera** mit zerkleinerten Meeresfrüchten und Fischstücken gekochter, scharf gewürzter Reis, mit gekochten Kartoffelscheiben serviert (Asturien)

**bacalao al ajo arriero** Stockfisch in einer sehr stark mit Knoblauch versetzten Soße, manchmal mit Hummerstücken verfeinert (Kastilien, Aragonien, Navarra, Baskenland)

**bacalao al pil-pil** in Olivenöl mit Knoblauch gegarter Stockfisch, wiederholt während des Garens im Topf geschüttelt, manchmal mit Pfefferschoten garniert (Baskenland)

**calamares en su tinta (auch: chipirones en su tinta)** in Olivenöl angebratene, dann mit Zwiebeln und Knoblauch geschmorte Tintenfische in einer etwas eingedickten Soße aus der Tinte der Tiere (Baskenland)

**caldereta asturiana** Eintopf aus Fischen und Krebstieren des Atlantiks, stark gewürzt und meist mit Sherry versetzt serviert (Asturien)

**caldo gallego** Eintopfsuppe aus dicken weißen Bohnen, Schinken- oder Speckwürfeln, Schweinewurst, Kraut von weißen Rüben und Kartoffeln (Galicien)

**callos a la madrileña** in Weißweinsoße mit Tomaten, *Chorizo*-Wurst, Schinkenstücken, Blutwurst, Zwiebeln, Karotten, Lauch, Knoblauch und Gewürzen sehr lange geköchelte Kaldaunen (Kastilien)

**changurro** Fleisch von Meerspinne oder Taschenkrebs, in Hühnerbrühe mit Cayennepfeffer gekocht, in einer mit Brotkrumen dick eingekochten Soße aus Olivenöl, Tomaten, Sherry oder Weinbrand im Ofen überbacken (Baskenland)

**chilindrón** scharfe Soße aus Tomaten, Zwiebeln, Knoblauch, Würfeln von Serrano-Schinken und gerösteten Pfefferschoten (Aragonien)

**churro** in Fett ausgebackenes längliches oder als Kringel geformtes Gebäck aus Rührteig, mit Zucker bestreut

**coca** mit Fisch, Fleisch, *Chorizo*-Scheiben oder evtl. Gemüse belegter Fladen, ähnlich wie Pizza; auch süß mit kandierten Früchten zu manchen Festen (Katalonien, Balearen)

**cochifrito** mit Zwiebeln, Knoblauch, Zitronensaft und Petersilie als Frikassee geschmortes Milchlamm (Aragonien, Navarra)

**cocido madrileño** Eintopf mit gepökeltem Rind- und Schweinefleisch, Schweinehachse, Huhn, *Chorizo*-Wurst und Blutwurst, mit verschiedenem Gemüse, besonders Kichererbsen; meist in drei Gängen serviert (ursprünglich Madrid, heute in ganz Spanien, mit vielen Varianten)

**crema catalana** eingedickte Vanillecreme mit Karamellkruste (Katalonien)

**embuchado** angebratene oder gekochte Kaldaunen, mit einer Füllung aus gehacktem, scharf gewürztem Schweinefleisch

**empanada** Pastete aus Brot oder Blätterteig, mit den verschiedensten Füllungen aus Fleisch, Fisch, Meeresfrüchten, Geflügel oder Süßwasserfisch (Galicien)

**fabada asturiana** Eintopf mit dicken weißen Bohnen, gepökelter Schweinehachse, gebratenen *Chorizo*-Würsten und Blutwurst; manchmal zusätzlich mit Weißkohl (Asturien)

**gazpacho andaluz** Suppe aus Tomaten, Avocados, Knoblauch und Kräutern, in Gemüsebrühe gekocht und püriert, mit Zitronensaft und Gewürzen abgeschmeckt, mit gewürfelten Gurken und Paprikaschoten kalt serviert (Andalusien)

**gazpacho manchego** Ragout aus in Öl und Rotwein mit Zwiebeln geschmortem Haarwild, besonders Hase, und Rebhuhn-, Wildtauben- oder Schnepfenfleisch (Kastilien)

**habas a la catalana** geschmorte dicke Bohnen in Tomatensoße mit Wurst, Petersilie, Knoblauch, Minze und Zimt (Katalonien)

**huevos a la flamenca** auf einer schon vorbereiteten *Sofrito*-Grundlage (s. d.) aufgeschlagene Eier, mit Erbsen, grünem Spargel und Paprikastreifen, im Ofen ausgebacken (Andalusien)

**leche frita** panierte Schnitten aus Milchpudding, in Öl oder Butter gebacken und mit Zucker und Zimt bestreut (Kantabrien)

**lengua de ternera a la aragonesa** Eintopfgericht mit Kalbszunge, Tomaten, Rüben und Kartoffeln, in einer mit Kochschokolade versetzten Brühe (Aragonien)

**lombarda de San Isidro** typisches Weihnachtsgericht mit Meerbrasse, Rotkohl und einer Sahnesoße mit Mandeln und Rosinen

**marmitako** Fischeintopf mit in Öl angebratenen Makrelen oder weißem Thunfisch, Kartoffeln, Zwiebeln, Tomaten, Knoblauch, Zwiebeln, Paprika- und Chilischoten (Baskenland)

**menudos a la gitanilla** Kalbsbries oder andere Innereien, in einer Soße aus Zwiebeln und Kichererbsen

**migas** allgemein: in heißem Öl schwimmend braun ausgebackene kleine Brotstücke, vorher in einem feuchten Tuch mit Salz etwas angeweicht

**migas extremeñas** mit Paprikaschoten und Knoblauch angebratene Schinken- oder Speckwürfel, mit gerösteten Brotwürfeln bes. als Beilage zu Spiegeleiern oder gebratenen *Chorizo*-Würstchen (Extremadura)

**olla podrida** Eintopf aus Schweinefleisch, Schweineohren, geräuchertem Schinken, *Chorizo*-Wurst und Blutwurst, mit Lauch, grünen Bohnen, Tomaten, Kichererbsen und Zwiebeln (Kastilien)

**paella** Safranreis mit Fisch, Meeresfrüchten, Geflügelstücken, Paprikastreifen, Erbsen u. a., in einer großen Pfanne zubereitet (ursprünglich Valencia, heute in ganz Spanien)

**parrillada de pescado y marisco** Grillplatte mit verschiedenen Fischen und Krebstieren

**pastel de conejo** Pastete aus Kaninchenfleisch in einem Mantel aus Kartoffelpüree mit Thymian, Rosmarin und Lorbeer (Navarra)

**pastel murciano** größere Blätterteigpastete mit Füllung aus angebratenen Tomaten, Paprikaschoten und Hackfleisch (Murcia)

**pichones estofados** kleine, in Olivenöl angebratene Tauben, in einer Soße aus Zwiebeln, Knoblauch, Weißwein und geriebener Kochschokolade fertig gegart (Kastilien)

**pisto** in Öl frittierte feingehackte Paprikaschoten, Tomaten, Zucchini, Zwiebeln und Eier, als Beilage zu Fleisch oder Fisch (Kastilien)

**pollo en pepitoria (auch: gallina en pepitoria)** angebräunte Hühnerstücke, in einer Soße aus Weißwein, zerstoßenen Mandeln, Knoblauch, Safran und Eigelb ferig geschmort (Andalusien)

**prueba** warmes Gericht aus den Zutaten für *Chorizo*-Wurst: Schweinefleisch, Paprikaschoten, Knoblauch, mit Kräutern und Gewürzen (Extremadura)

**rape con cebollas** leicht angebratene Stücke Seeteufel, auf einem Bett von in Weißwein gedünsteten Zwiebelscheiben

**riñones al Jerez** in Olivenöl angebratene Kalbsnieren in einer Sherry-Mehlsoße, oft mit Safranreis serviert (Andalusien)

**romanescu** scharfe Würzsoße aus Öl, gehacktem Cayennepfeffer, gehackten Mandeln und Tomaten, meist zusammen mit einer milderen Knoblauchmayonnaise angeboten (Baskenland)

**salsa verde** grüne Soße aus nicht ganz zum Kochen gebrachtem Fischsaft, pürierten Erbsen oder grünen Spargelspitzen, mit Olivenöl, Knoblauch und Petersilie, zu Fischgerichten (Baskenland)

**sofrito** Grundsoße für viele Gerichte, aus in Öl angebratenen Zwiebeln, Tomaten und Knoblauch, manchmal mit Fleischwürfeln, mit Brotkrumen mehr oder weniger eingedickt

**sopa de ajo (auch: sopa castellana)** in Öl angebratene zerkleinerte Knoblauchzehen und Brotkrümel, mit Cayennepfeffer und Paprikapulver in Wasser aufgekocht; evtl. mit pochierten oder untergezogenen Eiern (Kastilien)

**sopa de cuarto de hora** Miesmuscheln und Scampi-Stücke, in dicker Suppe aus in Wein und Zitronensaft mit Safran (‚eine Viertelstunde lang') gekochtem Reis (Andalusien)

**tapas** eigentlich nur Happen als kleine Vorspeise; meist als eine Vielzahl von kleinen warmen und kalten Gerichten in der verschiedensten Zusammenstellung als ganze Mahlzeit angeboten

**tortas rellenas de cidra** mit süßem Kürbispüree gefüllte Törtchen

**tortilla española (auch: tortilla de patatas)** leicht angebratene Kartoffelscheiben und Zwiebeln mit aufgeschlagenen Eiern vermengt, als dickes Omelett goldgelb ausgebraten, oft auch kalt serviert

**truchas a la navarra** in Wein mit Pfeffer, Minze, Thymian, Rosmarin und Zwiebeln marinierte, dann in der Marinade pochierte Forellen, manchmal auch mit Schinkenwürfeln gefüllt (Navarra)

**turrón** Süßigkeit aus Honig, Zucker, gekochten Haselnüssen und Mandeln, meist zu Weihnachten (***turrón blando*** od. ***turrón de Jijona*,** weiche Variante; ***turrón duro*** od. ***de Alicante***, harte Variante, die dem französischen Nougat ähnelt)

**xanfaina** Beilage aus gekochtem Sellerie, Tomaten, Lauch und, je nach Jahreszeit, den verschiedensten Gemüsesorten (Katalonien)

**zarzuela de mariscos** Eintopf aus verschiedenen Krebs- und Weichtieren, in einer dicken Soße aus Weißwein, Öl, Tomaten, Paprikaschoten, gemahlenen Mandeln und Schinkenwürfeln

# 2. Register

## English Index

### A



### B

## C

## D



## E

## F



## G



## H

## Q



## R

## W



## Y



## Z

# Index français

## C

## D

## G



## H



## I

## Q



## R

# Indice italiano

## D

## Q



## R

## S

# Índice español

## A

## D



## E

## M



## N

## Q



## R



## S

## U



## V



## Y



## Z